全国高校素质教育教材研究编审委员会审定
"十一五"国家重点图书出版规划教材

# 医学生物化学与分子生物学实验技术

姜广建　徐建余　主编

张秀军　主审

军事医学科学出版社

·北　京·

**图书在版编目(CIP)数据**

医学生物化学分子生物学实验技术/姜广建,徐建余主编.
-北京:军事医学科学出版社,2008.8
ISBN 978-7-80245-135-3

Ⅰ.医… Ⅱ.①姜… ②徐… Ⅲ.①医用化学:生物化学-实验-医学院校-教材 ②医药学:分子生物学-实验-医学院校-教材
Ⅳ.Q5-33 Q7-33

中国版本图书馆 CIP 数据核字(2008)第120376号

出 版:军事医学科学出版社
地 址:北京市海淀区太平路27号
邮 编:100850
联系电话:发行部:(010)63801284
63800294
编辑部:(010)66884418,86702315,86702759
86703183,86702802
传 真:(010)63801284
网 址:http://www.mmsp.cn
印 装:京南印刷厂
发 行:新华书店

开 本:787mm×1092mm 1/16
印 张:7
字 数:130千字
版 次:2008年9月第1版
印 次:2008年9月第1次
定 价:20.00元

# 医学生物化学与分子生物学实验技术

## 审定专家组名单

组　长：尹占国

副组长：李恒光　康熙雄　胡良平

组　员：任天池　钱超尘　王伯初

## 编写组名单


主　编　姜广建　徐建余

副主编　贺宝玲　史文慧

主　审　张秀军

参　编　崔和勤　孟丽军　曹　蕾　何　冰
林　佳　曹向可　陈　阳　赵丽娜
刘　岩　宁树成　肖永红　王翠民
李巍伟

# 前　言

生物化学和分子生物学在生命科学领域的各基础学科中居于领先地位，其发展速度十分迅速，被国家教委列为高等医学院校的主干学科。

本书包括实验室基本知识、基本实验技术、生物化学实验和分子生物学实验四部分。第一部分和第二部分是生物化学基本技术及应用，突出生物化学四个基本技术的原理、应用及使用方法，使学生了解并初步掌握生物化学基本实验技术和技能；第三部分是生物化学基本实验，所选实验与规划教材相匹配，突出定量概念，为从专业基础课向专业实验课过渡奠定了基础，实验重在结合专业特色，体现课程实验技术的应用，训练科学研究素质，激发学生的创新性思维；第四部分分子生物学实验是在前面生物化学实验的基础上，通过较系统的训练，进一步培养学生的逻辑思维、综合应用及动手操作等能力，从而形成学生实践技能和科研思维培养体系。本教材着眼于生物化学最基本的方法以及培养同学们的动手能力，注重对学生科研素质的培养。

在学习和使用本书过程中，同学们可根据自己的实际情况，将实验课程和理论课程相互联系，以便迅速提高自己的整体知识水平。

本书编写过程中华北煤炭医学院生物科学系领导们给予了巨大的支持和鼓励，并提出了许多宝贵意见和建议，在此一并致以衷心感谢。由于编写时间紧迫，疏漏和错误在所难免，在使用过程中如发现不妥之处，敬请读者批评指正。

# 目　录

# 第一部分　实验室基本知识

## 一、实验室规则

1．实验前必须认真预习实验内容，明确本次实验的目的和要求，掌握实验原理，写好实验预习报告。

2．实验时自觉遵守实验室纪律，保持室内安静，禁止大声说笑和喧哗。

3．实验过程中要听从教师指导，认真按照实验步骤和操作规程进行实验。实验时认真进行实验记录，实验完毕及时整理数据，按时上交实验报告。

4．实验台面、称量台、药品架、水池以及各种实验仪器内外都必须保持清洁整齐，药品称完后立即盖好瓶盖放回药品架，严禁瓶盖及药勺混杂，切勿使药品（尤其是氢氧化钠）洒落在天平或实验台面上，毛刷用后必须立即挂好，各种器皿不得丢弃在水池内。

5．配制试剂和用无离子水要注意节省，按实验实际使用量配制，多余的重要试剂和各种有机试剂要按教师要求进行回收，价格昂贵的 Sephadex、Sepharose 凝胶和 DEAE 纤维素等，用后必须及时回收，不得丢弃。

6．配制的试剂和实验过程中的样品，尤其是保存在冰箱和冷室中的样品，必须贴上标签，注明品名、浓度和日期等，放在冰箱中的易挥发溶液和酸性溶液，必须严密封口。

7．配制和使用洗液必须极为小心，强酸强碱必须倒入废液缸或按比例稀释后排放。电泳后的凝胶和各种废物不能倒入水池，只能倒入废物桶。

8．使用贵重精密仪器应严格遵守操作规程。使用分光光度计时不得将溶液洒在仪器内、外和地面上。使用高速冷冻离心机和 HPLC 等大型仪器必须经过考核。仪器发生故障应立即报告教师，未经许可不得自己随意检修。

9．实验室内严禁吸烟、饮水和进食，严禁用嘴吸移液管和虹吸管。易燃液体不得接近明火和电炉，凡产生烟雾、有害气体和不良气味的实验，均应在通风橱内进行。

10．实验完毕必须及时洗净并放好各种玻璃仪器，保持实验台面和实验柜内的整洁。

11. 每组的仪器和玻璃器皿要用油漆编号，严禁使用他组仪器，不得将器皿遗弃在分光光度计内和其他实验台面上，打破了玻璃仪器要及时向教师报告，并自觉登记，学期结束时按规定进行处理。

12. 每位学生要熟悉实验室内电闸的位置，烘箱和电炉用毕必须立即断电，不得过夜使用，要严格遵守实验室安全用电规则和其他安全规则。

13. 实验完毕，值日生要认真做好实验室的卫生值日工作。最后离开实验室的实验人员，必须检查并关好水、电、门、窗。

## 二、实验报告

### （一）实验记录

详细、准确、如实地做好实验记录是极为重要的，记录如果有误，会使整个实验失败，这也是培养学生实验能力和严谨科学作风的一个重要方面。

1. 每位同学必须准备一个实验记录本，实验前认真预习实验，熟悉实验原理和操作方法，在记录本上写好实验预习报告，包括详细的实验操作步骤（可以用流程图表示）和数据记录表格等。

2. 记录本上要编好页数，不得撕毁和涂改，写错时可以划去重写。不得用铅笔记录，只能用钢笔和圆珠笔。记录本的左侧页作计算和草稿用，右侧页作预习报告和实验记录用。同组的两位同学合做同一实验时，两人必须都有相同、完整的记录。

3. 实验中应及时准确地记录所观察到的现象和测量的数据，条理清楚，字迹端正，切勿潦草以致日后无法辨认。实验记录必须公正客观，不可夹杂主观因素。

4. 实验中要记录的各种数据，都应事先在记录本上设计好各种记录格式和表格，以免实验中由于忙乱而遗漏测量数据的记录，造成不可挽回的损失。

5. 实验记录要注意有效数字，如吸光度值应为“0.050”，而不能记成“0.05”。每个结果都要尽可能重复观测两次以上，即使观测的数据相同或偏差很大，也都应如实记录，不得涂改。

6. 实验中要详细记录实验条件，如使用的仪器型号、编号、生产厂家等；生物材料的来源、形态特征、选用的组织及其重量等；试剂的规格、化学式、分子量、试剂的浓度等，都应记录清楚。二人一组的实验，必须每人都做记录。

### （二）实验报告

实验报告是实验的总结和汇报，通过实验报告的写作可以分析总结实验的经验和问题，学会处理各种实验数据的方法，加深对有关生物化学与分子生物学原理和实验技术的理解和掌握，同时也是学习撰写科学研究论文的过程。实验报告的格式应为：

1．实验名称。

2．目的和要求。

3．实验原理（简述实验的基本原理）。

4．实验步骤（可以采用流程图的方式或以表格方式表示）。

5．数据处理。

6．结果与讨论：描述实验出现的现象和结果，分析它们所说明的问题，探讨实验成败的关键。阐述对实验设计的改进意见等。对于定量实验列出算式进行计算，并对实验结果进行必要的说明和分析。

每个实验报告都要按照上述要求来写，实验报告的写作水平也是衡量学生实验成绩的一个重要方面。实验报告必须独立完成，严禁抄袭。写实验报告要用实验报告专用纸，以便教师批阅，不要用练习本和其他片页纸。

为了使实验结果能够重复，必须详细记录实验现象的所有细节，例如，若实验中生成沉淀，那么沉淀的真实颜色是什么？是白色、淡黄色或是其他颜色？沉淀的量是多还是少？是胶状还是颗粒状？什么时候形成沉淀？立即生成还是缓慢生成？热时生成还是冷却时生成？在科学研究中，仔细地观察，特别注意那些未想到的实验现象是十分重要的，这些观察常常会引起意外的发现，报告并注意分析实验中的真实发现，对学生将是非常重要的科学研究训练。

实验报告使用的语言要简明清楚，抓住关键，各种实验数据都要尽可能整理成表格并作图表示，一目了然，以便比较。实验作图尤其要严格要求，必须使用坐标纸，每个图都要有明显的标题，坐标轴的名称要清楚完整，要注明合适的单位，坐标轴的分度数字要与有效数字相符，并尽可能简明，若数字太大，可以化简，并在坐标轴的单位上乘以 10 的方次。实验结果的讨论要充分，尽可能多查阅一些有关的文献和教科书，充分运用自己学过的知识和生物化学原理，进行深入的探讨，勇于提出自己独到的分析和见解，并欢迎对实验提出改进意见。

## 三、实验室基本操作

### （一）玻璃仪器的清洗

实验中所用的玻璃仪器清洁与否，将直接影响实验的结果，往往由于仪器的不清洁或被污染而造成较大的实验误差，有时甚至会导致实验的失败。生物化学实验对玻璃仪器清洁程度的要求，比一般化学实验的要求更高。这是因为：首先，生物化学实验中蛋白质、酶、核酸等往往都是以“毫克”或“微克”计算的，稍有杂质，影响就很大。其次，生物化学实验对许多常见的污染杂质十分敏感，如金属离子（钙离子、镁离子等）、去污剂和有机物残留等，因此，玻璃仪器（包括离心管等塑料器皿）是否彻底清洗干净是非常重要的。

1．初用玻璃仪器的清洗　新购买的玻璃仪器表面常附有游离的碱性物质，可先用 0.5%的去污剂洗刷，再用自来水洗净，然后浸泡在 1%～2%盐酸溶液中过夜（不可少于 4 h），再用自来水冲洗，最后用无离子水冲洗两次，在 100～120℃烘箱内烘干备用。

2. 使用过的玻璃仪器的清洗　先用自来水洗刷至无污物，再用合适的毛刷沾去污剂（粉）洗刷，或浸泡在0.5%的清洗剂中超声清洗（比色皿决不可用超声清洗），然后用自来水彻底洗净去污剂，用无离子水洗两次，烘干备用（计量仪器不可烘干）。清洗后器皿内外不可挂有水珠，否则应重洗，若重洗后仍挂有水珠，则须用洗液浸泡数小时后（或用去污粉擦洗）重新清洗。

3. 石英和玻璃比色皿的清洗　绝不可用强碱清洗，因为强碱会浸蚀抛光的比色皿。只能用洗液或 1%～2%的去污剂浸泡，然后用自来水冲洗（这时使用一支绸布包裹的小棒或棉花球棒刷洗，效果会更好），清洗干净的比色皿也应该内外壁不挂水珠。

### （二）塑料器皿的清洗

聚乙烯、聚丙烯等制成的塑料器皿，在生物化学实验中应用的越来越多。第一次使用塑料器皿时，可先用 8 mol/L 尿素（用浓盐酸调 pH = 1）清洗，接着依次用无离子水、1 mol/L KOH 和无离子水清洗，然后用 $10^{-3}$ mol/L EDTA 除去金属离子的污染，最后用无离子水彻底清洗，以后每次使用时，可只用 0.5%的去污剂清洗，然后用自来水和无离子水洗净即可。

### （三）洗液的配制

1. 肥皂水、洗衣粉溶液和去污粉，是最常用的洗涤剂，有乳化作用，可除去污垢，能使脂肪、蛋白质及其他黏着性物质溶解或松弛，一般玻璃仪器可直接用肥皂水浸泡或刷洗。

2. 铬酸洗液

（1）原理：铬酸洗液由重铬酸钾（或重铬酸钠）和浓硫酸配制而成，其清洁效力主要应用其强氧化性和强酸性。铬酸越多，硫酸越浓，其清洁效力也就越强，当洗液变绿色后则不宜应用。

（2）配制：称取重铬酸钾 5 g 放于 250 ml 烧杯中，加热水 5 ml 搅拌，使其尽量溶解，烧杯下垫一石棉网以防过热，然后慢慢加入工业用浓硫酸 100 ml，随加随搅拌，尽量避免红色铬酸沉淀析出。此时，溶液由红黄色变成黑褐色。冷却后，储于指定容器内盖紧以防吸水。

（3）使用：应用洗液前必须将玻璃仪器用自来水冲洗数次，并将玻璃仪器上的水分尽量除去，再放入洗液中浸泡，数小时后取出玻璃仪器，用自来水充分冲洗至无洗液为止（冲洗时注意勿将洗液溅出水槽），再用少量蒸馏水冲洗数次，晾干备用。

上述两种洗涤液是最常用的，实验中遇到一些特殊污物，需用针对性强的洗涤液。

## （四）玻璃和塑料器皿的干燥

生化实验中用到的玻璃和塑料器皿经常需要干燥，通常都是用烘箱或烘干机在110～120℃下进行干燥，而不用丙酮振荡清洗再吹干的方法来干燥，因为那样会有残留的有机物覆盖在器皿的内表面，从而干扰生物化学反应。硝酸纤维素的塑料离心管加热时会发生爆炸，所以严禁放在烘箱中干燥，只能用冷风吹干。

## （五）吸量管的使用

1．吸量管的分类 吸量管是生化实验中常用的仪器，测定的准确度与吸量管的正确使用密切相关。生化实验常用的吸量管有奥氏吸量管和刻度吸量管两种。

（1）奥氏吸量管：供准确量取 0.5 ml、1 ml、2 ml 液体时使用。每根吸量管上只有一个刻度，放液时必须吹出最后残留在吸量管尖端的液体。

（2）刻度吸量管：供量取 10 ml 以下的任意体积的液体时用。每根吸量管上都有许多等分刻度，一般刻度包括尖端部分，欲将所量取液体全部放出时，须将残留管尖的液体吹出。刻度吸量管的规格通常有 0.1 ml、0.2 ml、0.5 ml、1 ml、2 ml、5 ml、10 ml 等 7 种。

2．吸量管的选取原则

（1）取整数量液体且吸取量需要准确时，应选用奥氏吸量管如1 ml、2 ml、5 ml等。

（2）选用与取液量接近的吸量管，如欲取0.15 ml液体应选用0.2 ml而不用0.5 ml吸量管。在同一定量试验中，如几个管需要加同一种液体，但其量不同时，应尽量用同一支与最大的取液量接近的刻度吸管。

（3）若有几个管都是加入1 ml的同一液体，可取一支10 ml刻度吸管，吸取液体后分别在各管内加入各1 ml液体。

3．刻度吸量管的操作

（1）选择：使用前先根据需要选择适当的吸量管，刻度吸量管的总容量最好等于或稍大于最大取液量。临用前要看清总容量和刻度。

（2）执管：用拇指和中指（辅以无名指）拿住吸量管上部，用食指堵住管上口和控制液流。刻度数字要朝向自己。

（3）取液：另一只手捏压橡皮球，将吸量管插入液体内（不得悬空，以免液体吸入球内），用橡皮球将液体吸至最高刻度上端 1～2 cm 处，然后迅速用食指按紧吸量管上口，以免液体从吸量管下口流出。

（4）调准刻度：将吸量管提出液面，吸黏性较大的液体时，先用滤纸擦干管尖外壁；然后用食指控制液体使之缓慢下降，当至所需刻度时，立即按紧吸量管上口（此时液体凹面、视线和刻度应在同一水平面上）。

（5）放液：放松食指，让液体自然流入容器内，放液时，管尖最好接触容器内壁，但不要插入容器内原有的液体中，以免污染吸量管和试剂。

（6）洗涤：吸取血液、血清等黏稠液体及尿液标本的吸量管，使用后要及时用自来水冲洗干净；吸取一般试剂的吸量管可不必马上冲洗，待实验完毕后再冲洗。冲洗干净后晾干，再浸泡于重铬酸洗液中，数小时后取出，再用自来水冲净，最后用蒸馏水冲洗，晾干备用。

4．注意事项

（1）对于刻度由上至下的吸量管应尽量使用上端刻度。

（2）管尖残液是否需吹，视具体情况而定。一般来说，1 ml及1 ml以下的均需吹出；>1 ml的视标记而定，如吸量管上方标有“吹”或“◇”形符号，则残液需吹出；标有“快”字，应使残液自然流下。奥氏吸量管均为吹出式。

### （六）溶液的混匀

样品与试剂的混匀是保证化学反应充分进行的一种有效措施。为使反应体系内各物质迅速地互相接触，必须借助于外加的机械作用，混匀时须防止容器内液体溅出或被污染，严禁用手指直接堵塞试管口或锥形瓶口震荡。混匀的方式大致有下面几种，可随使用的器皿和液体容量而选用。

1．旋转法　手持容器，使溶液做离心旋转。适用于未盛满液体的试管或小口器皿，如锥形瓶。

2．指弹法　一手执试管上端，另一只手轻弹试管下部，使管内溶液做旋涡运动。

3．搅动法　使用干玻璃棒搅匀，如固体试剂的溶解和混匀。

4．混匀器法　将容器置于混匀器的振动盘上，逐渐用力下压，使内容物旋转。

5．振荡法　右手持试管上部。将试管于左手掌中振荡，以达到混匀的目的。

6．吸管法　适用于样品不同浓度等级稀释的混匀，即用吸管将溶液反复吸吹数次，以达到混匀的目的。

7．倒转法　适用于有塞的容器，如容量瓶，有塞的量筒及离心管等。操作时，将容器反复倒转，即可充分混匀。

### （七）加热与保温

生物化学实验中加热分为直接加热与间接加热。试管、烧杯直接加热注意事项见化学实验，间接加热需事先将水浴调至所需温度。在沸腾水浴中或在一定温度下加热应严格控制温度及保温时间，生物化学实验中为保证许多酶反应或显色反应的保温时间，常使用恒温水浴箱，调节温度设定至需要的温度，水浴箱中水要足量，应在最后加入酶液或显色剂，加入后立即保温、计时，实验过程中应随时监测温度，并及时调节。否则，会影响结果的可靠性。

（八）过滤

过滤是分离沉淀和滤液的一种方法，可用于收集滤液，收集或洗涤沉淀。生化实验的过滤操作与化学实验中的操作相同，应注意以下几点：

1．制备血滤液等实验过滤时，要用干滤纸，因为湿滤纸会影响血液稀释的体积。

2．折叠滤纸与漏斗壁完全吻合，不留缝隙。一般采用平折法（即对折后再对折）。

3．向漏斗中加入溶液时最好使用玻棒引流，倒入速度不宜太快，液面切勿超过滤纸上缘。

4．组织匀浆等较粗样品的过滤可用脱脂棉或纱布代替滤纸，有时可用离心沉淀法代替过滤法。

## 四、实验样品的制备

在生物化学与分子生物学实验中，无论是分析组织中各种物质（如蛋白质、DNA、RNA）的含量，还是分析组织中的物质代谢过程，都需要利用预先处理过的特定生物样品。掌握实验样品的正确处理与制备方法是做好生物化学与分子生物学实验的先决条件。在基础生物化学与分子生物学实验中，最常用的实验样品是人或动物的血液和组织等。血液样品常采用全血、血浆、血清或无蛋白血滤液；组织样品则常用动物的肝、肾、胰、胃黏膜或肌肉等组织。现将这些样品的制备方法简要介绍如下。

（一）血液样品

收集动物或人的血液时应使用清洁干燥的试管或器皿，以防止溶血。

1．血液样品的种类

（1）全血：取出血液后，迅速置于含有抗凝剂的试管内，同时轻轻混匀，使血液和抗凝剂充分混合，以免血液凝固。取得的全血如不能立即进行实验，应储存于冰箱中。

常用的抗凝剂有草酸盐、柠檬酸盐等，根据实验的要求选取适当的抗凝剂，一般情况下使用肝素钠或肝素。抗凝剂的用量不宜过多，以免影响实验结果。现在已经有制备好的无菌抗凝管供实验和临床检验用。

（2）血浆：将上述抗凝全血在离心机中离心，血细胞下沉，上清液即为血浆。分离血浆时，必须严格防止溶血，除采血时一切用具（注射器、针头、试管等）都需要清洁干燥外，取出后的血液也不能剧烈振摇。

（3）血清：收集的血液若不加抗凝剂，在室温下约 5～10 min 即自行凝固。血液凝固 30～60 min 后，即可采用离心方式分离出血清。若血块黏附于容器壁过于牢固、血清不易分离出来时，可用细玻璃棒轻轻剥离血块。

（4）无蛋白血滤液：分析血液中某些成分时（如血液中的非蛋白氮、葡萄糖、肌酸等），为了避免蛋白质的干扰，须预先除去血中的蛋白质成分。常用三氯醋酸、钨酸等沉淀剂与蛋白质作用，然后用过滤或离心方法制备无蛋白血滤液。

2．采取血液样品的注意事项

（1）空腹采血：血液中不少化学成分可受饮食影响，一般须在早晨空腹或禁食 6 h 以上采取血液。

（2）防止酶的分解作用：血液内若干化学成分在离体后继续分解。如血糖被红细胞糖酵解酶系统分解而降低；为防止酶分解作用可用氟化钠、碘乙酸等保存剂，或将血液立即制成无蛋白血滤液。

（3）防止溶血：红细胞与血浆中的成分与含量皆有显著的差别，因此，溶血可影响一些血清或血浆生化检验的结果。为防止溶血，抽血用具必须干燥清洁，避免剧烈振摇，防止污染。

### （二）组织样品的制备

在生物化学与分子生物学实验中，常常利用离体组织研究各种生物大分子的含量变化以及代谢的途径与酶系的作用。生物大分子主要是指蛋白质、酶和核酸，这三类物质是生命活动的物质基础。在自然科学，尤其是生命科学高度发展的今天，蛋白质、酶和核酸等生物大分子的结构与功能的研究是探求生命奥秘的中心课题，而生物大分子结构与功能的研究，必须首先解决生物大分子的制备问题，如果没有达到足够纯度的生物大分子的制备工作，结构与功能的研究就无从谈起。可以从组织中提取各种代谢物质或酶进行研究。由于生物组织离体过久，其所含物质的含量和生物活性都将发生变化，因此，利用离体组织作为提取材料或代谢研究材料时，应在冰冷条件下迅速取出所需组织，并尽快进行提取或测定。

选择动物材料时要注意其年龄、性别、营养状况、遗传素质和生理状态等。动物在饥饿时，脂类和糖类含量相对减少，有利于生物大分子的提取分离。一般采用断头法（或注射空气于动物心脏）处死动物，放出血液，立即取出实验所需的脏器或组织，去除外层的脂肪及结缔组织后，用冰冷的生理盐水洗去血液，必要时也可用冰冷的生理盐水灌注脏器以洗去血液，再用滤纸吸干。迅速称重后，根据实验的不同要求，用以下不同的方法制成不同的组织样品。

1．组织糜　将组织用剪刀迅速剪碎，置于研钵或匀浆器中，加入少量石英砂研磨成匀浆，即可将动物细胞破碎，这种方法比较温和。

2．组织匀浆　向剪碎的新鲜组织中加入适量冰冷的匀浆制备液，用高速电动匀浆器或玻璃匀浆器制成匀浆。常用的玻璃匀浆器有 5 ml 和 10 ml 两种，由一个磨砂玻璃套管和一个带有磨砂玻璃杵头的杵组成。玻璃杵的外壁必须紧靠玻璃套管的内壁。用时将套管放入冰浴中，玻璃杵与调速马达连接，将剪碎的组织悬浮于匀浆制备液中并倾入套管中，然后再把玻璃杵插入套管中。开动马达并调节杵的转速，小心地用手扶住套管口部，不断上下移动，直至组织碎块磨成匀浆为止。常用的匀浆制备液有生理盐水、缓冲液和0.25 mol/L蔗糖溶液等，可根据实验的不同要求，加以选择。

3．组织浸出液　将上法制成的组织匀浆进行离心，其上清液即为组织浸出液。

### (三)组织样品的保存

生物大分子制成品的正确保存极为重要，一旦保存不当，制成的样品就会失活、变性、变质，使前面的全部制备工作化为乌有，前功尽弃。

1．影响生物大分子样品保存的主要因素

(1)空气：空气的影响主要是潮解、微生物污染和自动氧化。空气中微生物的污染可使样品腐败变质，样品吸湿后会引起潮解变性，同时也为微生物污染提供了有利的条件。还原性强的样品易氧化变质和失活，如维生素C、巯基酶等。

(2)温度：每种生物大分子都有其稳定的温度范围，温度升高10℃，氧化反应加快数倍，酶促反应增加1～3倍。因此，通常绝大多数样品都是低温保存，以抑制氧化、水解等化学反应和微生物的生成。

(3)水份：包括样品本身所带的水份和由空气中吸收的水份。水可以参加水解、酶解、水合和加合，加速氧化、聚合、离解和霉变。

(4)光线：某些生物大分子可以吸收一定波长的光，使分子活化不利于样品保存，尤其日光中的紫外线能量大，对生物大分子制品影响最大，样品受光催化的反应有变色、氧化和分解，通称光化作用。因此，样品通常都要避光保存。

(5)样品的pH值：保存液态样品时注意其稳定的pH值范围，通常可从文献资料和手册中查到或做实验求得，因此，正确选择保存液态样品的缓冲剂的种类和浓度十分重要。

(6)时间：生物化学和分子生物学样品不可能永久存活，不同的样品有其不同的有效期，因此，保存的样品必须写明日期，定期检查和处理。

2．蛋白质和酶的保存

(1)低温下保存：由于多数蛋白质和酶对热敏感，通常35～40℃以上就会失活，冷藏于冰箱一般只能保存一周左右，而且蛋白质和酶越纯越不稳定，溶液状态比固态更不稳定。因此通常要保存于−20℃，如能在−70℃下保存则最为理想。极少数酶可以耐热：如核糖核酸酶可以短时煮沸；胰蛋白酶在稀HCl中可以耐受 90℃等；还有少数酶对低温敏感，如过氧化氢酶要在 0～4℃保存，冰冻则失活，羧肽酶反复冻融会失活等。

（2）制成干粉或结晶保存：蛋白质和酶固态比在溶液中要稳定得多。固态干粉制剂放在干燥剂中可长期保存，如葡萄糖氧化酶干粉 0℃下可保存 2 年，–15℃下可保存 8 年。

（3）在保护剂下保存：很早就有人观察到，在无菌条件下，室温保存了 45 年的血液，血红蛋白仅有少量改变，许多酶仍保留部分活性，这是因为血液中有蛋白质稳定的因素，为了长期保存蛋白质和酶，常常要加入某些稳定剂：

① 惰性的生化或有机物质：如糖类、脂肪酸、牛血清白蛋白、氨基酸、多元醇等，以保持稳定的疏水环境。

② 中性盐：有一些蛋白质要求在高离子强度的极性环境中才能保持活性。最常用的是：$MgSO_4$、NaCl、$(NH_4)SO_4$等，使用时要脱盐。

③ 巯基试剂：一些蛋白质和酶的表面或内部含有半胱氨酸巯基，易被空气中的氧缓慢氧化为磺酸或二硫化物而变性，保存时可加入半胱氨酸或巯基乙醇。

总之，对样品的保存必须给予足够的重视才能使其保持良好的生物学活性。

# 第二部分　基本实验技术

## 一、生物大分子的基本制备技术

生物大分子的制备过程包括选材、细胞的破碎和细胞器的分离、生物大分子的提取和分离、样品的纯化、以及样品的浓缩干燥和储存等方面。生物大分子的制备工作是一件十分细致的工作，既要设法得到它们的纯品，又要努力保持其生物活性。有时制备一个较高纯度的蛋白质、酶或核酸，需要付出较长时间的艰苦劳动。生物大分子制备方法的选择是以生物大分子的性质（如分子大小、形状、溶解度、带电性质等）为依据的。对于结构和理化性质不同的生物大分子，所选用的分离提纯方法也不相同。

下面仅将生物大分子的分离、纯化过程的一些基本技术做一介绍：

(一）盐析（Salting-out）

盐析方法是蛋白质和酶提纯工作中应用最早，至今仍广泛应用的方法。蛋白质在水溶液中的溶解度是由蛋白质周围亲水基团与水形成水化膜的程度，以及蛋白质分子带有电荷的情况决定的。当将中性盐加入蛋白质溶液时，中性盐对水分子的亲和力大于蛋白质，于是，蛋白质分子周围的水化膜层减弱乃至消失。同时，中性盐加入蛋白质溶液后，由于离子强度发生改变，蛋白质表面电荷大量被中和，更加导致蛋白溶解度降低，使蛋白质分子之间聚集而沉淀。

由于不同的蛋白质其溶解度与等电点不同，沉淀时所需的 pH 值与离子强度也不相同，改变盐的浓度与溶液的 pH 值，可将混合液中的蛋白质分批盐析分开，这种分离蛋白质的方法称为分段盐析法（fractional saltingout）。如半饱和硫酸铵可沉淀血浆球蛋白，饱和硫酸铵则可沉淀包括血浆清蛋白在内的全部蛋白质。

盐析法提纯蛋白质时应考虑以下几个条件的选择：

1．盐的种类　蛋白质盐析常用中性盐，主要有硫酸铵、硫酸镁、硫酸钠、氯化钠、磷酸钠等。应用最广泛的是硫酸铵，硫酸铵的优点：

（1）溶解度大。25℃时硫酸铵的溶解度可达 4.1 mol/L（541 g/L）以上。在这一高溶解度范围内，许多蛋白质和酶都可以被盐析沉淀出来。

（2）温度系数小，硫酸铵的溶解度受温度影响不大。例如 0℃时，硫酸铵的溶解度仍可达到 3.9 mol/L（515 g/L）。对于需要在低温条件下进行酶的纯化来说，应用硫酸铵是有利的。

（3）硫酸铵不易引起蛋白质变性，对于很多种酶还有保护作用，且价格低廉，容易获得。

硫酸铵的缺点是铵离子干扰双缩脲反应，为蛋白质的定性分析造成一定困难。

2．盐的浓度　分段盐析法是通过改变盐的浓度达到分离目的，应该将盐的浓度准确地分步提高到各种蛋白质所需的浓度。盐的浓度常用饱和度表示，饱和溶液定为 100%。

3．pH 值　一般来说，蛋白质所带净电荷越多，它的溶解度就越大。改变 pH 值可改变蛋白质的带电性质，因而就改变了蛋白质的溶解度。远离等电点处溶解度大，在等电点处溶解度小，因此用中性盐沉淀蛋白质时，pH 值常选在该蛋白质的等电点附近。

4．温度　除对温度敏感的蛋白质在低温（4℃）操作外，一般可在室温中进行。一般来说，温度低则蛋白质溶解度降低。但有的蛋白质（如血红蛋白、肌红蛋白、清蛋白）在较高的温度（25℃）比 0℃时溶解度低，更容易盐析。

5．蛋白质浓度　中性盐沉淀蛋白质时，溶液中蛋白质的实际浓度对分离的效果有较大的影响。通常高浓度的蛋白质用稍低的硫酸铵饱和度即可将其沉淀下来，若蛋白质浓度过高，则易产生各种蛋白质的共沉淀作用，除杂蛋白的效果会明显下降。对低浓度的蛋白质，要使用更大的硫酸铵饱和度，共沉淀作用小，分离纯化效果较好，但回收率会降低。通常认为比较适中的蛋白质浓度是 2.5%～3.0%，相当于 25 mg/ml～30 mg/ml。

### （二）透析和超滤（Dialysis and Ultrafiltration）

1．透析法　透析法是利用小分子物质在溶液中可通过半透膜，而大分子物质不能通过半透膜的性质，达到分离的方法。如分离和纯化皂甙、蛋白质、多肽、多糖等物质时，可用透析法以除去无机盐、单糖、双糖等杂质；反之，也可将大分子的杂质留在半透膜内，而将小分子的物质通过半透膜进入膜外溶液中，而加以精制分离，透析是否成功与透析膜的规格关系密切。透析膜的膜孔有大有小，要根据欲分离成分的具体情况而选择。透析膜有动物性膜、火棉胶膜、羊皮纸膜（硫酸纸膜）、蛋白质胶膜、玻璃纸膜等。常多用市售的玻璃纸或动物性半透膜扎成袋状，小心加入欲透析的样品溶液，悬挂在清水容器中。经常更换清水使透析膜内外溶液的浓度差加大，必要时适当加热，并加以搅拌，以加快透析速度。方法是将装有生物大分子的透析袋装入盛有一定浓度的盐溶液或缓冲液的大容器中，经过透析，袋内外的盐浓度（或缓冲液 pH 值）一致，从而有控制地改变被透析溶液的盐浓度（pH 值）图 2-1。

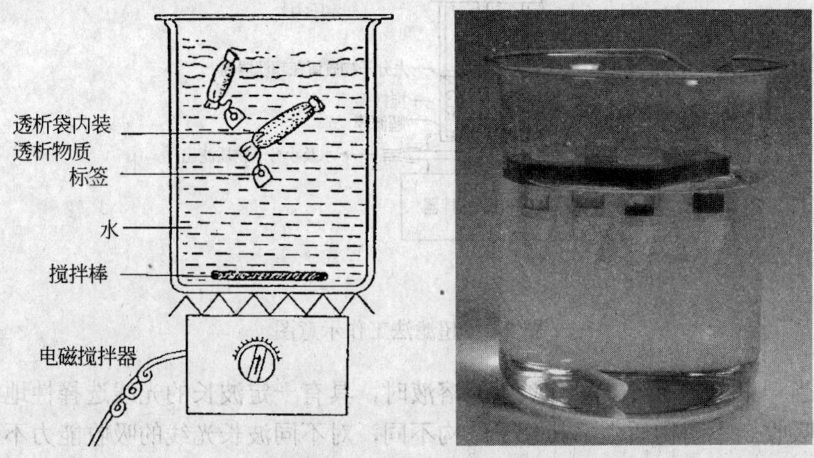


图 2-1　透析方法示意图

如将透析袋放入高浓度吸水性强的多聚物溶液中，透析袋内溶液中的水便迅速被袋外多聚物所吸收，从而达到袋内液体浓缩的目的。这种方法称为“反透析”。可用做反透析的多聚物有聚乙二醇（polyethylene glycol，PEG）、聚乙烯吡咯烷酮（polyvinyl pyrrolidone，PVP）、右旋糖、蔗糖等。

2．超滤法　利用具有一定大小孔径的微孔滤膜，对生物大分子溶液进行过滤（常压、加压或减压），使大分子保留在超滤膜上面的溶液中，将小分子物质及水过滤出去，从而达到脱盐、更换缓冲液或浓缩的目的。这种利用超滤膜过滤分离大分子和小分子物质的方法叫做超滤法。一般认为超滤是一种筛孔分离过程，主要用来截留分子量高于 500 的物质。在静压差的作用下，原料液中溶剂和小分子的溶质粒子从高压的原料液侧透过滤膜到低压侧，通常称为滤出液或透过液；而大分子的溶质粒子组分被膜所阻截，使它们在滤剩液（或称浓缩液）中浓度增大。按照这种分离机理，超滤膜具有选择性的主要原因是形成了具有一定大小和形状的孔，而聚合物质的化学性质对膜的分离特性影响不大（见图 2-2）。

## 二、分光光度法（Spectrophotometry）

### （一）基本原理

光线是高速运动的光子流，也是具有波长和频率特征的电磁波。光子的能量与频率成正比，与波长成反比。肉眼可见的光线称为可见光。可见光只占电磁波谱的很窄部分（400～760 nm）。不同波长的可见光具有不同的颜色。波长大于 760 nm 的光线称为红外线，波长小于 400 nm 的光线称为紫外线。

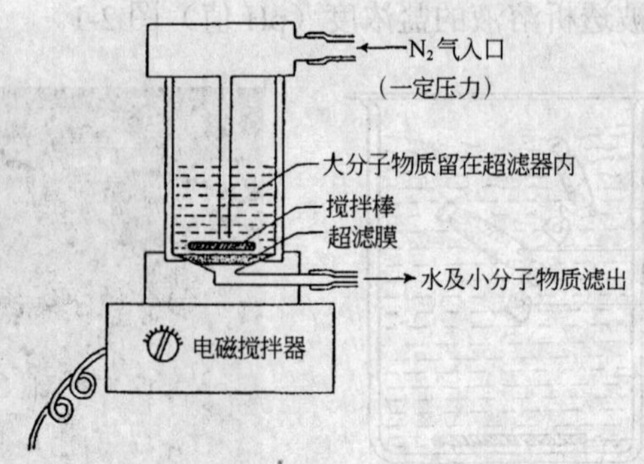


图 2-2　超滤法工作示意图

当一束白光通过一杯有颜色的溶液时，具有一定波长的光线选择性地被溶液所吸收。不同物质由于其分子结构不同，对不同波长光线的吸收能力不同，因此，每种物质都具有其特异的吸收光谱。吸收光谱的测定可以用来鉴定各种不同的物质。例如核黄素之所以呈现黄色，是由于它仅吸收可见光中的蓝光范围，并测得其吸收峰在 450 nm（图 2-3）。在紫外光范围它还有两个吸收峰，它们分别是 260 nm 和 370 nm。

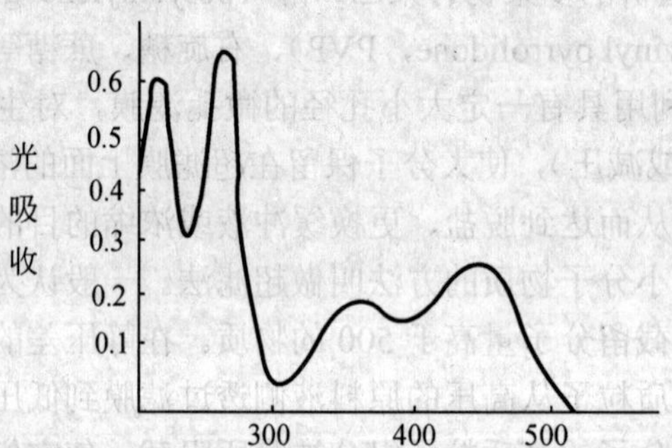


图 2-3　核黄素 200～500 nm 波长的吸收光谱

（核黄素 22 μmol/L 溶于 0.1 mol/L 磷酸钠中，pH 值为 7.06，吸收杯厚 1 cm）

分光光度法是根据物质对不同波长的光线具有选择性吸收，每种物质都具有其特异的吸收光谱，而建立起来的一种定量、定性分析的技术。分光光度法常被用来测定溶液中存在的光吸收物质的浓度。其理论依据是郎伯-比尔（Lambert-Beer）定律。

1．郎伯定律（Lambert's Laws）　当一种适当波长的单色光通过一溶液时，由于溶液吸收一部分光能，使光的强度减弱。若溶液的浓度不变，则溶液层的厚度愈大，光强度的减弱也愈显著，即吸光度与光透过的液层厚度成正比：

$$A\ (D) = kL$$

式中，A（absorbance，A）表示吸光度，又称为光密度（optical density，O D 或 D）；k 表示吸光系数，其值取决于入射光的波长，溶液的性质和浓度以及溶液的温度等；L 表示液层厚度，用厘米表示。

$I_0$ 表示入射光强度，$I_1$ 表示光线通过溶液后的强度，L 表示溶液的厚度（图 2-4）。

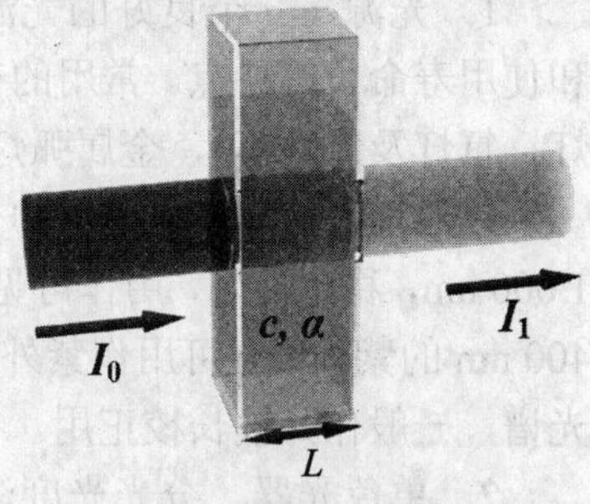


图 2-4　郎伯定律

2．比尔定律（Beer's Law）　当一种适当波长的单色光通过一溶液时，若溶液的厚度不变，则溶液浓度愈高，光线强度减弱也愈显著，即吸光度与溶液浓度成正比：

$$A（D）= kC$$

式中，A（absorbance，A）表示吸光度；k 表示吸光系数；C 表示溶液浓度。

虽然所有的溶液均符合郎伯定律，但并非所有的溶液都符合比尔定律。这是由于有些物质在不同浓度条件下其颜色可能发生改变，即在不同浓度条件下其吸收光的波长发生改变。常见的原因如下：

（1）有些有色物质在溶液中可能解离成相应的离子，离子的颜色与分子的颜色不同，造成对比尔定律的误差。

（2）有些物质在较高浓度状态下可形成络合物，络合物使吸收光谱发生改变。例如氯化钴在稀溶液中呈玫瑰色，而在浓溶液中呈蓝色。

$$CoCl_2 + CoCl_2 \rightarrow Co^{2+}（CoCl_4）^{2-}$$

玫瑰色　　　　　　蓝色

（3）氢离子浓度和电解质也可引起一些有色物质颜色的改变，这些改变也可能造成比尔定律的误差。

3．郎伯-比尔定律（Lambert-Beer's Law）及其应用　如果同时考虑液层厚度和溶液浓度对光吸收的影响，将郎伯定律和比尔定律合并起来，得到如下结果：

$$A（D）= kCL$$

这就是郎伯-比尔定律（Lambert-Beer 定律），它的物理意义为：当一束平行的单色光通过均匀透明的溶液时，该溶液对光的吸收程度与溶液中物质的浓度和光通过的液层厚度的乘积成正比。

Lambert-Beer 定律不仅适用于可见光区，也适用于紫外光区和红外光区；不仅适用于溶液，也适用于其他均匀的、非散射的吸光物质（包括气体和液体），是各类吸光光度法定量的依据。

## （二）分光光度计的结构原理

分光光度技术使用的仪器称为分光光度计（spectrophoto-meters），其基本结构原理都是相似的，都由光源、单色光器、狭缝、吸收杯和检测器系统等部分组成。

1．光源　一个良好的光源要求具备发光强度高、光源稳定、光谱范围广和使用寿命长等特点。常用的有白炽灯（钨丝灯、卤钨灯等），气体放电灯（氢灯、氘灯及氙灯等），金属弧灯（各种汞灯）等。

钨丝灯、卤钨灯发射 320～2 000 nm 连续光谱，最适宜工作范围为 360～1 000 nm，稳定性好，用作可见光分光光度计的光源；氢灯和氘灯能发射 150～400 nm 的紫外线，可用作紫外光光区分光光度计的光源；汞灯发射的不是连续光谱，一般作为波长校正用。

2．单色光器　分光光度法测定某一物质的光密度需要在某一特定波长下进行。单色光器的作用在于根据需要选择一定波长范围的单色光。在实际工作中欲选择出单个某波长的光线是困难的。所谓单色光是指在此波长有最大发射量，而在相邻较长和较短波长范围内的发射能量较少而言。单色光的波长范围愈窄，仪器的敏感度愈高，测量的结果愈可靠。

单色光器有棱镜（prism）和光栅（diffraction grating）两种类型。用玻璃制成的棱镜色散力强，但只能在可见光区工作，石英棱镜工作波长范围为 185～4 000 nm，在紫外光区有较好的分辨率，而且也适用于可见光区和近红外光区。棱镜的特点是波长越短，色散程度越好，越向长波一侧色散程度越差。另一类分光系统是衍射光栅，即在石英或玻璃的表面刻化许多平行线（1 000～2 400 线/mm），刻线处不透光，通过光的干涉和衍射现象，较长的光波偏折的角度大，较短的光波偏折的角度小而形成光谱。光栅与棱镜不同，它的色散能力在不同的波长区域都是一致的。所以，采用光栅的分光光度计其波长刻度是均匀的，适宜用微机控制，自动设置分析波长或进行波长扫描。

3．狭缝　通过单色光器的发射光的强度可能过强也可能过弱，不利于进一步检测。狭缝是由一对隔板在光通路上形成的缝隙。通过调节狭缝的大小来调节入射单色光强度并使入射光形成平行光线，以适应检测器的需要。光电比色计的狭缝是固定的，而光度计和分光光度计的狭缝大小是可调的。

4．吸收杯　吸收杯又叫样品杯、比色杯、比色皿，用来盛测定溶液，是光度测量系统的最重要组成部分之一。在可见光范围内测量时选用光学玻璃吸收杯；在紫外线范围内测量时要选用石英吸收杯。注意保护吸收杯的质量是取得准确分析结果的重要条件之一。不用粗糙、坚硬物质接触吸收杯，不能用手指握取吸收杯的光学面；用后要用水及时冲洗，不得残留测定液，尤其是蛋白质和核酸溶液。

5．检测器系统　硒光电池、光电管或光电倍增管等光电原件常用来作为受光器，将通过吸收杯的光线能量转变成电能。进一步再用适当的方法测量所产生的电流。

光电比色计用硒光电池为受光器。硒光电池的光敏感性低，不能检出强度非常弱的光线，并且对波长在 270 nm 以下和 700 nm 以上的光波不敏感。

较精密的分光光度计都是采用真空光电管或光电倍增管作为受光器的，并采用放大装置以提高敏感度。虽然光谱范围狭窄的单色光的能量比范围宽的弱很多，但这种有放大线路的灵敏检测系统仍可能准确地检测出来。

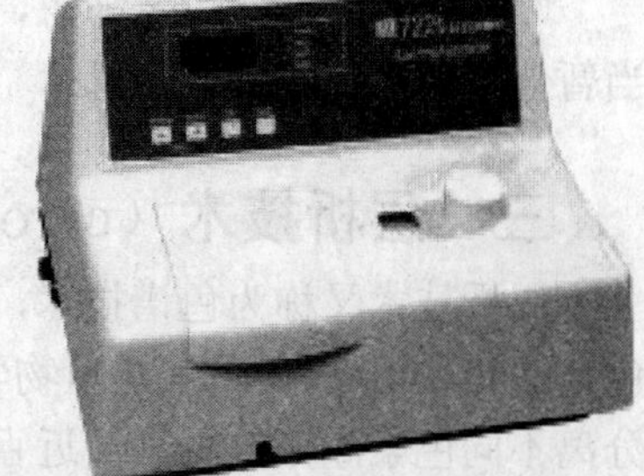

图 2-5　722 型分光光度计

## （三）722 型分光光度计的使用

722 型分光光度计是一种简单易操作的分光光度法通用仪器（图 2-5），能在 340～1 000 nm 波长范围内执行透光率、吸光度和浓度直读测定，可广泛适用于医学卫生、临床检验、生物化学、石油化工、环保监测、质量控制等部门做定性定量分析。

1．使用方法如下（吸光度的测定）

（1）预热：开机后灯及电子部分需热平衡，故需开机 20 分钟后才可开始测定。

（2）调波长：转动波长选择钮，选择所需波长。

（3）样品液准备：将装有空白对照和样品液的比色杯放入比色杯架，使空白管对准光路。

（4）调零：打开样品室暗箱盖（光门自动关闭），按 0%键，即可自动进行机械零点的调整，数码显示为 0.000。

（5）调 100%：盖好样品室暗箱盖（光门自动开启），按下 100%键，即可自动进行空白零点的调整，数码显示为 100.0。

注意：调 100%可能影响 0%，调整后请检查 0%，如有变化可重调 0%一次。

（6）按 MODE 键选择吸光度测定模式（ABS 灯亮），数码显示自动转换为吸光度值 0.000。

（7）测量：拉动比色杯架的拉杆，使各测定杯依次进入光路，从数码显示上即可读出各样品的吸光度。

（8）清洁：比色完毕后，关上电源开关，取出比色杯，将比色杯暗箱盖好，清洗比色杯并晾干。

2．注意事项

（1）分光光度计属精密仪器，应精心爱护使用，要防震、防潮、防腐蚀。

（2）比色杯的好坏对光密度读数的影响很大，要保持比色杯的清洁干净，保护光学面的透明度，比色杯中的液体应适量，不应过满，比色杯外壁的液体应用擦镜纸擦干，以防腐蚀仪器和影响读数。如比色液为强酸强碱，应尽快比色，以防破坏比色杯。

（3）比色时间应尽量缩短，以防光电系统疲劳。如需连续使用，中间应适当暂停使用，使之避光休息。

## 三、层析技术（chromatography）

层析技术又称为色谱技术，是近代生物化学实验中常用的分析方法之一。色谱法是在 1903 年由俄国植物学家 Michael Tswetl 首创的一种从叶片浸出液中分离不同色素成分的方法，近百年来不断发展，形式多种多样。

层析技术是利用混合物中各组分的理化性质（如溶解度、吸附能力、分子形状和大小、分子亲和力、分配系数等）的不同，使各组分以不同程度分布在两相中，其中一个是固定于支持物上的固定相，另一个是流经固定相的流动相。当混合物通过多孔的支持物时，各组分受固定相的阻力和受流动相的推力也不同，各组分移动速度各异并在支持物上集中分布于不同的区域，从而各组分得以分离。

层析技术的种类很多，可按不同的方法分类：

按流动相的状态分类：用液体作为流动相的称为液相层析；以气体作为流动相的称为气相层析。

按固定相的使用形式分类：可分为柱层析（固定相填装在玻璃或不锈钢管中构成层析柱）、纸层析、薄层层析、薄膜层析等。

按层析的机理分类：可分为吸附层析、分配层析、离子交换层析、分子排阻层析（凝胶过滤）、亲和层析等。

### （一）吸附层析（absorption chromatography）

吸附作用是指某些物质能够从溶液中将溶质浓集在其表面的现象。吸附剂吸附能力的强弱与被吸附物质的化学结构、溶剂的本质和吸附剂的本质有关。当改变吸附剂周围溶剂成分时，吸附剂对被吸附物质的亲和力便发生变化，使被吸附物质从吸附剂上解脱下来，这一解脱过程称为“洗脱”或“展层”。

吸附层析是利用吸附剂对不同物质的吸附力不同而使混合物中的各组分分离的方法。把吸附剂装入玻璃柱内（吸附柱层析法）或铺在玻璃板上（薄层层析法），由于吸附剂的吸附能力可受溶剂影响而发生改变，样品中的物质被吸附剂吸附后，用适当的洗脱液冲洗，改变吸附剂的吸附能力，使之解吸，随洗脱液向前移动。当解吸下来的物质向前移动时，遇到前面新的吸附剂又重新被吸附。此被吸附的物质再被后来的洗脱液解脱下来。经如此反复的吸附——解吸——再吸附——再解吸的过程，物质即可沿着洗脱液的前进方向移动。其移动速度取决于吸附剂对该物质的吸附能力。由于同一吸附剂对样品中各组分的吸附能力不同，所以在洗脱过程中各组分便会由于移动速度不同而逐渐分离出来，这就是吸附层析的基本过程。

实验中常用的固体吸附剂有氧化铝、硅酸镁、磷酸钙、氢氧化钙、活性钙、蔗糖、纤维素和淀粉等。常用的洗脱液有己烷、苯、乙醚、氯仿、乙醇、丙酮或水与有机溶剂形成的各种混合物。吸附层析通常用于分离脂类、类固醇类、类胡萝卜素、叶绿素以及它们的前体等非极性和极性差的有机物。

值得提出的是，几乎所有的溶质对于所有的层析介质，即使是惰性的物质都有一定限度的吸附力，除吸附层析本身之外，吸附作用还或多或少地存在于所有其他类型的层析中。

### （二）分配层析（partition chromatography）

分配层析是利用混合物中各组分在两相中分配系数不同而达到分离目的的层析技术，相当于一种连续性的溶剂抽提方法。

在分配层析中，固定相是极性溶剂（如水、稀硫酸、甲醇等），此类溶剂能和多孔的支持物（常用的是吸附力小、反应性弱的惰性物质如淀粉、纤维素粉、滤纸等）紧密结合，使呈不流动状态；流动相则是非极性的有机溶剂。分配系数（a）是指在一定温度和压力条件下达到平衡，物质在固定相和流动相两部分的浓度比值。

$$\text{分配系数（a）} = \frac{\text{物质在固定相中的浓度}}{\text{物质在流动相中的浓度}}$$

在层析过程中，当有机溶剂流动相流经样品点时，样品中的溶质便按其分配系数部分地转入流动相向前移动。当经过前方固定相时，流动相中的溶质就会进行分配，一部分进入固定相。通过这样不断进行的流动和再分配，溶质沿着流动方向不断前进。各种溶质由于分配系数不同，向前移动的速度也各不相同。分配系数较大的物质，由于分配在固定相多些，分配在流动相少些，溶质移动较慢；而分配系数较小的物质，流动速度较快。从而将分配系数不同的物质分离开来。

支持物在分配层析中起支持固定相的作用，根据其使用方式也分纸层析和薄层层析两种。用滤纸做支持物的纸层析法是最常用的分配层析。实验中应选用厚度适当、质地均一、含金属离子（钙、铜、镁、铁等）尽量少的滤纸为支持物。滤纸中吸附的水（含 20%～22%）是常用的固定相。酚、醇是常用的流动相。展层方法多可采用垂直型，也可采用水平型。把欲分离的样品点加于滤纸的一端，使流动相经此移动，这样在两相间就发生分配现象。根据样品中各组分的分配系数不同，它们就逐渐集中于滤纸上不同的部位。各组分在滤纸上的移动速度可用 $R_f$ 值来表示。

$$R_f = \frac{\text{溶质层析点中心到原点中心的距离}}{\text{溶剂前沿到原点中心的距离}}$$

在纸层析中，$R_f$值的大小主要取决于该组分的分配系数。分配系数大者移动速度慢，其$R_f$值也小；反之，分配系数小者移动速度快，$R_f$值也大。因为每种物质在一定条件下对于一定的溶剂系统，其分配系数是一定的，$R_f$值也恒定。因此，可以根据$R_f$值对分离的物质进行鉴定。

有时，几种成分在一个溶剂系统中层析所得$R_f$值相近，不易分离清楚。这时，可以在第一次层析后将滤纸吹干逆转 90°角，再采用另一种溶剂系统进行第二次层析，往往可以得到满意的分离效果。这种方法称为“双向纸层析法”，应与一般的“单向纸层析”相区别。

### （三）离子交换层析（ion-exchange chromatography）

离子交换层析是利用离子交换剂对需要分离的各种离子具有不同的亲和力（静电引力），而达到分离目的的层析技术。离子交换层析的固定相是离子交换剂，流动相是具有一定 pH 值和一定离子强度的电解质溶液。

离子交换剂是具有酸性或碱性基团的不溶性高分子化合物，这些带电荷的酸性或碱性基团与其母体以共价键相连，这些基团所吸引的阳离子或阴离子可以与溶液中的阳离子或阴离子进行可逆的交换。因此，根据可交换离子的性质将离子交换剂分为两大类：阳离子交换剂和阴离子交换剂。

根据离子交换剂的化学本质，可将其分为离子交换树脂、离子交换纤维素和离子交换葡聚糖等多种。

（1）离子交换树脂：人工合成的高分子化合物，生物化学实验中所用的离子交换树脂多为交联聚苯乙烯衍生物。离子交换树脂多用于样品去离子，从废液中回收所需的离子和水的处理等（图 2-6）。由于它可使不稳定的生物大分子变性，因此，不适用于对生物样品进行分离。

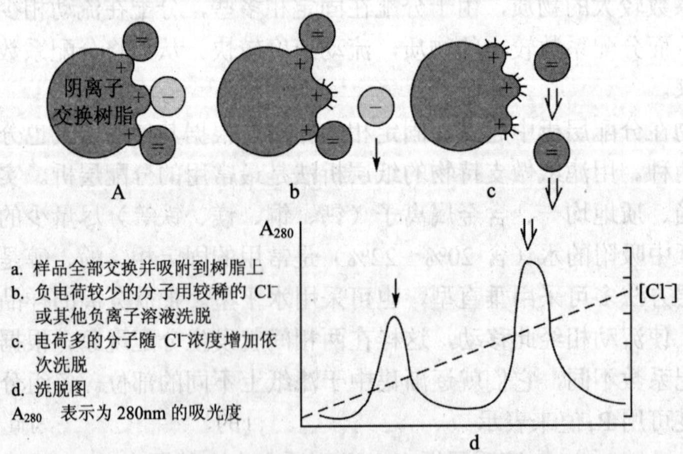


图 2-6　离子交换层板分离蛋白质

（2）离子交换纤维素：可用于生物大分子的分离。其缺点是分子形态不规则，孔隙不均一，对要求非常严格的实验分离效果尚不够满意。

较为理想的离子交换剂是离子交换葡聚糖凝胶和离子交换琼脂糖凝胶。它们具有颗粒整齐、孔径均一等优点，往往可以得到较好的分离效果。

根据各种离子交换剂所带酸性和碱性功能团的不同和其解离能力的差异，各种交换剂又可进一步分为强酸型、弱酸型、强碱型和弱碱型四种。

离子交换层析的基本过程：离子交换剂经适当处理后，应该先用酸或碱处理（视具体情况可用一定 pH 值的缓冲液处理），使离子交换剂变成相应的离子型（阳离子交换剂带负电并吸引相反离子 $H^+$，阴离子交换剂带正电并吸引相反离子 $OH^-$），加入样品后，使样品与交换剂所吸引的相反离子（$H^+$或 $OH^-$）进行交换，样品中待分离物质便通过共价键吸附于离子交换剂上面。然后用基本上不会改变交换剂对样品离子亲和状态的溶液（如起始缓冲液）充分冲洗，使未吸附的物质洗出。洗脱待分离物质时常用的两种方法，一是制作电解质浓度梯度，即离子强度梯度，通过不断增加离子浓度，吸附到交换剂上的物质，根据其静电引力的大小而不断竞争性地解脱下来；二是制作 pH 梯度，影响样品电离能力，也使交换剂与样品离子亲和力下降，当 pH 梯度接近各样品离子的等电点时，该离子就被解脱下来。在实际工作中，离子强度梯度和 pH 梯度可以是连续的（称梯度洗脱），也可以是不连续的（称阶段洗脱）。一般来说，前者分离的效果比后者的分离效果理想，梯度洗脱需要梯度混合器来制造离子强度梯度或 pH 梯度。最简单的梯度混合器由两个容器组成，两容器之间以连通管相连接，与出口连接的容器装有搅拌装置，内盛起始洗脱液，此洗脱液代表开始洗脱的离子强度（或起始 pH）；另一容器内盛有终末洗脱液，此洗脱液代表洗脱的最后离子强度（或最后 pH）。在洗脱过程中，由于终末洗脱液不断进入起始洗脱液中，并不断被搅拌均匀，所以流出的洗脱液成分不断地由起始状态向终末状态演变形成连续的梯度变化。

### （四）凝胶过滤（gel filtration）

凝胶过滤是利用具有一定孔径范围的多孔凝胶的分子筛作用对生物大分子进行分离的层析技术。当样品随流动相经过由凝胶组成的固定相时，分子量大的物质不能扩散进入凝胶颗粒内部，于是随流动相流经颗粒之间的狭窄空隙，首先洗脱出层析柱；分子量小的物质可以扩散进入凝胶颗粒内部，比大分子量物质流经的载面积宽，流动速度慢，于是与分子量大的物质分离开来，最后被洗脱出来。即固定相的网孔对不同分子量的样品成分具有不同的阻滞作用，使之以不同的速度通过凝胶柱，从而达到分离的目的，凝胶过滤又因此得名“分子筛层析”和“凝胶排阻层析”（图 2-7）。

在实际工作中，对于同一个凝胶柱来说，各种分子量的物质有其固定的洗脱体积（指将样品中某一组分洗脱下来所需洗脱液的体积）。因此，准确掌握凝胶柱的一些基本因素是十分有益的。

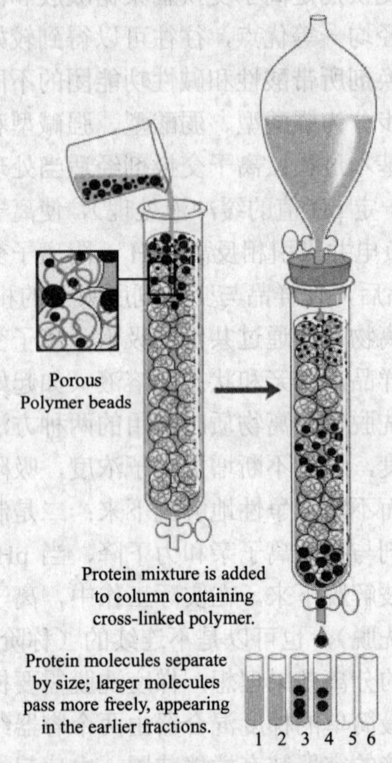


图 2-7　凝胶过滤过程示意图

如果被分离的物质分子量很大，完全不能进入网孔内，那么它从柱上洗脱下来（小样品时以洗脱峰为准）所需的洗脱液体积（*V*e）就等于颗粒间隙的体积（*V*o），即 *V*e = *V*o。如果被分离物质的分子量极小，可以非常自由地通过网孔即进出凝胶颗粒，那么它的洗脱体积就应当等于整个柱床体积（指凝胶柱所能容纳的总体积 *V*t），即 *V*e = *V*t。至于分子量位于上两者之间的，其洗脱体积便位于 *V*o 和 *V*t 之间。可见，分子量大小不同的物质，其洗脱体积不同，从而可以用于物质的分离。

（五）亲和层析（affinity chromatography）

亲和层析法是近年来广为重视并得到迅速发展的提纯、分离方法之一。许多物质都具有和某化合物发生特异性可逆结合的特性。例如酶与辅酶或酶与底物（产物或竞争性抑制剂等），抗原与抗体，凝集素与受体，维生素与结合蛋白，凝集素与多糖（或糖蛋白、细胞表面受体），核酸与互补链（或组蛋白、核酸多聚酶、结合蛋白）以及细胞与细胞表面特异蛋白（或凝集素）等。亲和层析法就是利用化学方法将可与待分离物质可逆性特异结合的化合物（称配体）连接到某种固相载体上，并将载有配体的固相载体装柱，当待提纯的生物大分子通过此层析柱时，此生物大分子便与载体上的配体特异地结合而留在柱上，其他物质则被冲洗出去。然后，再用适当方法使这种生物大分子从配体上分离并洗脱下来，从而达到分离提纯的目的。

亲和层析由于配体与待分离物质进行特异性结合，所以分离提纯的效率极高，提纯度可达几千倍，是当前最为理想的提纯方法。亲和层析配体与待分离物质特异性结合性质，还可用来从变性的样品中提纯出其中未变性部分，从大量污染的物质中提纯小量所需成分，亲和层析还可用来从极度稀薄的液体中浓缩其溶质。

亲和层析所用的载体和凝胶过滤所要求的凝胶特性相同，即化学性质稳定，不带电荷，吸附能力弱，网状疏松，机械强度好，不易变形，保障流速的物质。聚丙烯酰胺凝胶颗粒、葡聚糖凝胶颗粒以及琼脂糖凝胶颗粒都可用，其中以琼脂糖凝胶型应用最广泛。亲和层析的关键是设法选择合适的配体并将此配体与载体化学连接起来，形成稳定的共价键，这应在实际工作中根据需要加以选择和试验。

## 四、电泳技术（electrophoresis）

### （一）基本概念

电泳（electrophoresis）是指溶液中带电颗粒在电场作用下，向着与其电荷相反的电极移动的现象。1809 年俄国物理学家 Reŭss 首先发现了电泳现象，但直到 1937 年瑞典的 Tiselius 建立了分离蛋白质的界面电泳（boundary electrophoresis）之后，电泳技术才开始应用，并因此于 1948 年获诺贝尔化学奖。20 世纪 60～70 年代，当滤纸、聚丙烯酰胺凝胶等介质相继引入电泳以来，电泳技术得以迅速发展。丰富多彩的电泳形式使其应用十分广泛。

电泳技术除了用于小分子物质的分离层析外，最主要用于蛋白质、核酸和酶的分离层析，甚至还用于病毒与细胞的研究。

### （二）影响电泳的因素

1．电泳介质 pH 值的影响　对于蛋白质和氨基酸等两性分子，电泳介质的 pH 值决定了它们所带净电荷性质和多少。pH 值小于等电点，分子带正电荷，向负极泳动；pH 值大于等电点，分子带负电荷，向正极泳动。pH 值偏离等电点越远，分子所带净电荷越多，其泳动速度越快。当缓冲液 pH 值等于其等电点时，分子处于等电状态，不移动。由于血清蛋白质的等电点多在 pH 值为 4～6 之间，因此，分离血清蛋白常用 pH 值为 8.6 的巴比妥缓冲液或三羟甲基氨基甲烷（Tris）缓冲液。

2. 缓冲液的离子强度　溶液的离子强度（ion intensity）是表示溶液中电荷数量的一种量度，通常是指溶液中各离子的摩尔浓度与离子价数平方的积的总和的一半。带电颗粒的迁移率与离子强度的平方根成反比，低离子强度时，迁移率快，但离子强度过低，缓冲液的缓冲容量小，不易维持 pH 值恒定；高离子强度时，迁移率慢，但电泳谱带要比低离子强度时细窄。通常溶液的离子强度在 0.02～0.2 之间。

3. 电渗　在电场中，液体对于一个固体的固定相相对移动称为电渗。在有载体的电泳中，影响电泳移动的一个重要因素是电渗，最常遇到的情况是γ-球蛋白由原点向负极移动，这就是电渗作用所引起的倒移现象。产生电渗现象的原因是载体中常含有可电离的基团，如滤纸中含有羟基而带负电荷，与滤纸相接触的水溶液带正电荷，水溶液便向负极移动。由于电渗现象往往与电泳同时存在，所以带电粒子的移动距离也受电渗影响；如电泳方向与电渗方向相反，则实际电泳的距离等于电泳距离加上电渗的距离。琼脂中含有琼脂果胶，其中含有较多的硫酸根，所以在琼脂电泳时电渗现象很明显，许多γ-球蛋白均向负极移动。除去了琼脂果胶后的琼脂糖用作凝胶电泳时，电渗大为减弱。电渗所造成的移动距离可用不带电的有色染料或有色葡聚糖点在支持物的中心，以观察电渗的方向和距离。所以电泳时，颗粒泳动所表现的速度决定于颗粒本身的泳动速度和溶液的电渗作用。因此在选用支持物时，应尽量避免高电渗作用的物质。

4. 电场强度的影响（电势梯度 electric field intensity）　电场强度是指每厘米的电位降，电场强度与电泳速度成正比，电场强度越高，带电颗粒移动速度越快。

随着电场强度的增高，电流强度增加，产热也增多。产热的不良后果是：

（1）引起水的蒸发，改变溶液 pH 值及离子强度，使支持物（滤纸、薄膜或凝胶等）上离子强度增加，以及引起虹吸现象（电泳槽内液被吸附到支持物上）等，都会影响物质的分离。

（2）引起介质温度增高，可使蛋白质变性。因此，电泳必须控制电压在一定范围之内，当进行高压电泳（500～1 000V 或更高）时，必需装备有效的冷却装置；而进行常压电泳时，产热量小，室温在 10℃～25℃分离蛋白质标本是不被破坏的，无需冷却装置，但一般分离时间比较长。

### （三）电泳的分类

按照分离的原理不同，可分为显微电泳、自由界面电泳和区带电泳。

1. 显微电泳　是用显微镜直接观察细胞等大颗粒物质电泳行为的过程。

2. 自由界面电泳　是胶体溶液的溶质颗粒经过电泳后，在胶体溶液和溶剂之间形成界面的电泳过程。

3．区带电泳　是样品物质在一惰性支持物上进行电泳的过程，分离效果远比界面电泳好。

## （四）电泳分析常用方法

1．醋酸纤维素薄膜电泳　是利用醋酸纤维素薄膜做固体支持物的电泳技术，和纸上电泳相似并且在其基础上发展起来的，该电泳技术具有比纸电泳电渗小，分离速度快、样品用量小、分辨率高、分离清晰等优点。

2．琼脂糖凝胶电泳　琼脂糖（agarose）是经过挑选，以质地较纯的琼脂（agar）作为原料而制成的。琼脂在化学上是由琼脂糖和琼脂胶组成的复合物。琼脂胶是一种含有硫酸根和羟基的多糖，它具有离子交换性质，这种性质会给电泳及凝胶过滤以不良的影响。

琼脂糖主要通过氢键而形成凝胶。电泳时因凝胶含水量大（98%～99%），近似自由电泳，固体支持物的影响较小，故电泳速度快，区带整齐。而且由于琼脂糖不含带电荷的基团，电渗影响很小，是一种较好的电泳材料，分离效果较好。

3．聚丙烯酰胺凝胶电泳　聚丙烯酰胺（polyacrylamide gel electrophoresis，PAGE）是由丙烯酰胺（acrylamide）和 N，N'-亚甲基双丙烯酰胺（N，N'-methylene bis acrylamide）经共聚合而成。此聚合过程是由四甲基乙二胺（tetramethyl-ethylene-diamine，TEMED）和过硫酸胺（ammonium persulfate，AP）激发的。被激活的单体和未被激活的单体开始了多聚链的延伸，正在延伸的多聚链也可以随机地接上双丙烯酰胺，使多聚链交叉互连成为网状立体结构，最终多聚链聚合成凝胶状。聚丙烯酰胺凝胶具有机械强度好、弹性大、透明、化学稳定性高、无电渗作用、设备简单、样品最小（1～100 μg）、分辨率高等优点，并可通过控制单体浓度或单体与交联剂的比例，聚合成不同孔径大小的凝胶，可用于蛋白质、核酸等分子大小不同的物质的分离、定性和定量分析。还可结合解离剂十二烷基硫酸钠（SDS），以测定蛋白质亚基的相对分子质量。

不连续系统由电极缓冲液、浓缩胶及分离胶所组成。不连续聚丙烯酰胺凝胶电泳由于同时兼有电荷效应、浓缩效应和分子筛效应，因此具有很高的分辨率。其分子筛效应主要由凝胶孔径大小决定，而决定凝胶孔径的大小主要是凝胶的浓度，如 7.5%的凝胶孔径平均为 50 Å，30%的凝胶孔径平均为 20 Å 左右。但交联剂对电泳泳动率亦有影响，交联剂重量对总单体重量的百分比愈大，则电泳泳动率愈小。不管交联剂是以何种方式影响电泳时的泳动率，总之它是影响凝胶孔径很重要的一个参数。为了使试验的重复性较高，在制备凝胶时对交联剂的浓度、交联剂与丙烯酰胺的比例、催化剂的浓度、聚胶所需时间等影响泳动率的因子都应尽可能地保持恒定。

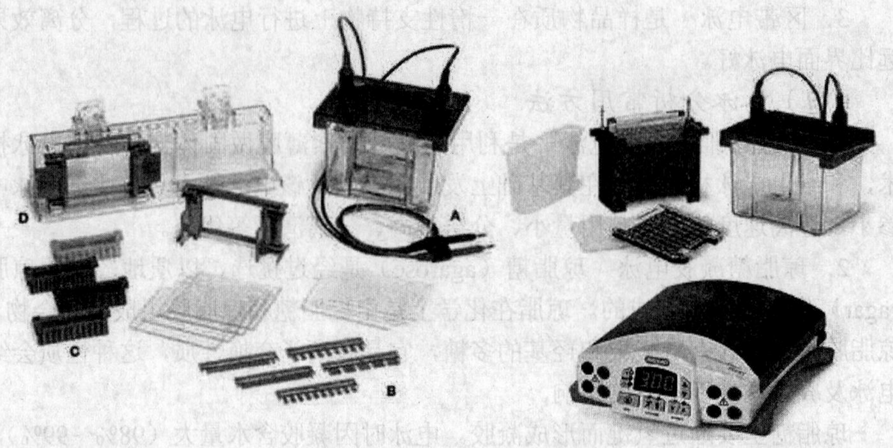


图 2-8　电泳常用仪器装置

4. 等电聚焦电泳技术（isoelectric focusing，IEF）　等电聚焦是 20 世纪 60 年代中期问世的一种利用有 pH 梯度的介质分离等电点不同的蛋白质的电泳技术。由于其分辨率可达 0.01 pH 单位，因此，特别适合于分离分子量相近而等电点不同的蛋白质组分。

（1）IEF 的基本原理：在 IEF 的电泳中，具有 pH 梯度的介质其分布是从阳极到阴极，pH 值逐渐增大。如前所述，蛋白质分子具有两性解离及等电点的特征，这样在碱性区域蛋白质分子带负电荷向阳极移动，直至某一 pH 位点时失去电荷而停止移动，此处介质的 pH 值恰好等于聚焦蛋白质分子的等电点（pI）。同理，位于酸性区域的蛋白质分子带正电荷向阴极移动，直到它们的等电点上聚焦为止。可见在该方法中，等电点是蛋白质组分的特性量度，将等电点不同的蛋白质混合物加入有 pH 梯度的凝胶介质中，在电场内经过一定时间后，各组分将分别聚焦在各自等电点相应的 pH 位置上，形成分离的蛋白质区带。

（2）pH 梯度的组成：pH 梯度的组成方式有两种，一种是人工 pH 梯度，由于其不稳定，重复性差，现已不再使用；另一种是天然 pH 梯度，天然 pH 梯度的建立是在水平板或电泳管正负极间引入等电点，彼此接近的一系列两性电解质的混合物，在正极端吸入酸液（如硫酸、磷酸或醋酸等），在负极端引入碱液如氢氧化钠、氨水等。由于两性电解质具有一定的缓冲能力，使其周围一定的区域内介质的 pH 值保持在它的等电点范围。经过一定时间后，具有不同等电点的两性电解质按各自的等电点依次排列，形成了从正极到负极等电点递增，由低到高的线性 pH 梯度。

（3）两性电解质载体与支持介质：理想的两性电解质载体应在 pI 处有足够的缓冲能力及电导，前者保证 pH 梯度的稳定，后者允许一定的电流通过。不同 pI 的两性电解质应有相似的电导系数，从而使整个体系的电导均匀。两性电解质的分子量要小，易于应用分子筛或透析方法将其与被分离的高分子物质分开，而且不应与被分离物质发生反应或使之变性。

常用的 pH 梯度支持介质有聚丙烯酰胺凝胶、琼脂糖凝胶、葡聚糖凝胶等，其中聚丙烯酰胺凝胶为最常应用。

电泳后，不可用染色剂直接染色，因为常用的蛋白质染色剂也能和两性电解质结合，因此应先将凝胶浸泡在5%的三氯醋酸中去除两性电解质，然后再以适当的方法染色。

5．IEF/SDS-PAGE 双向电泳　1975 年，O'Farrall 等人根据不同组分之间的等电点差异和分子量差异建立了 IEF/SDS-PAGE 双向电泳。其中，IEF 电泳（管柱状）为第一向，SDS-PAGE 为第二向（平板）。在进行第一向 IEF 电泳时，电泳体系中应加入高浓度尿素、适量非离子型去污剂 NP-40。蛋白质样品中除含有这两种物质外，还应有二硫苏糖醇以促使蛋白质变性和肽链舒展。

IEF 电泳结束后，将圆柱形凝胶在 SDS-PAGE 所应用的样品处理液（内含 SDS、β-巯基乙醇）中振荡平衡，然后包埋在 SDS-PAGE 的凝胶板上端，即可进行第二向电泳。

IEF/ SDS-PAGE 双向电泳对蛋白质（包括核糖体蛋白、组蛋白等）的分离是极为精细的，因此，特别适用于分离细菌或细胞中复杂的蛋白质组分。

## 五、离心技术（Centrifugalization）

### （一）基本概念

离心技术是利用物体高速旋转时产生强大的离心力，以及物质的沉降系数或浮力密度的差异，使置于旋转体中的悬浮颗粒（指悬浮状态的细胞、细胞器、病毒和生物大分子等）发生沉降或漂浮，从而使某些颗粒达到浓缩或与其他颗粒分离的目的。

颗粒的沉降速度取决于离心机的转速及其自身与中心轴的距离。不同大小、形状和密度的颗粒会以不同的速度沉降。离心机转子高速旋转时，当悬浮颗粒密度大于周围介质密度时，颗粒离开轴心方向移动，发生沉降；如果颗粒密度低于周围介质的密度时，则颗粒朝向轴心方向移动而发生漂浮。悬浮在液体中的固相颗粒的运动速度取决于以下因素。

1．重力　液体中的颗粒处在重力场内时，如在一支平稳的试管内，将会受到地球的重力的作用而运动。

2．固液相对密度的差别　相对密度小于液相的颗粒悬浮在上面，相对密度大于液相的颗粒则沉淀下来。

3．颗粒的大小与形状。

4．沉降介质的黏滞力。

## （二）离心机的分类

1．低速离心机　一般最高转速在 6 000 r/min 以下。实验室中常用于分离制备。

2．高速离心机　带有能够冷却的离心腔制冷设备，高速离心机的速度控制低速离心机准确，工作时的实际速度和温度可通过仪表显示，配有一定类型及规格的转子，可根据需要选用。此类离心机的最高转速在 25 000 r/min 以下，常用于生物大分子的分离制备（图 2-9）。

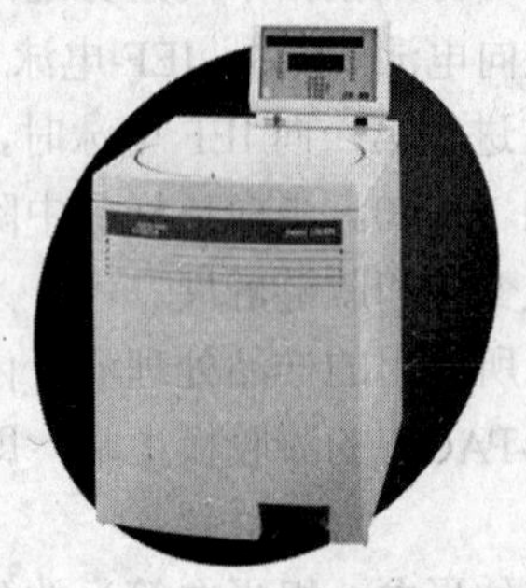

（a）高速低温离心机

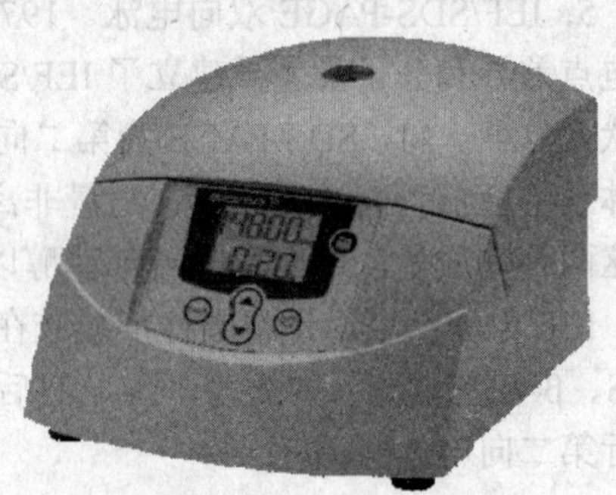

（b）高速台式离心机

图 2-9　高速离心机

3．超速离心机　由四个部分组成，即驱动和速度控制、温度控制、真空系统以及转子，转速超过 35 000 r/min。常用于分离亚细胞器、病毒粒子、DNA、RNA 和蛋白质分子，在分离时无须加入可能引起被分离物质结构改变的物质，故为观察它们的“天然”结构与功能提供了手段。

## （三）转子

许多离心机可以配用不同大小的离心管，只需要改变转子或使用一个与不同的吊桶或适配器相配的转子。

1．水平转子　此类转子静止时，处在转子中的离心管中心线与旋转轴平行，而在转子旋转加速时，离心管中心线由平行位置逐渐过渡到垂直位置，即与旋转轴成 90°角，粒子的沉淀方向同旋转半径方向基本一致。由于此类转子的重心位置较高，样品粒子沉降穿过溶剂层的距离大于直径。它对于多种成分样品分离特别有效，常用于速率区带离心和等密度离心。但也有少量的“管壁效应”，而且减速过程中产生的对流会引起沉淀物的重新悬浮。

2．角式转子　许多高速离心机及微量离心机安装。由于沉降路径短，沉淀颗粒时角式转子比水平转子的效率更高。因为角式转子的重心低，转速可较高，样品粒子穿过溶剂层的距离略大于离心管的直径；又因为角式转子有一定的角度，故在离心过程中撞到离心管外壁的粒子沿着管壁滑到管底形成沉淀，这就是“管壁效应”，此效应使最后在管底聚成的沉淀较紧密。

3．垂直转子　离心管垂直插入转子孔内，在离心过程中始终与旋转轴平行，而离心时液层发生90°角的变化，从开始的水平方向改成垂直方向，转子降速时，垂直分布的液层又逐渐趋向水平，待旋转停止后，液面又完全恢复成水平方向。这是因为在进行密度梯度离心前，由于重力的作用，垂直转子的粒子沉淀距离等于离心管的直径，离心分离所需的离心力最小，适用于速率区带离心和等密度离心，但一般不适用于差速离心。

用于高速及超高速离心机进行等密度梯度离心时，垂直转子在沉淀没有形成之前不能用来收集悬浮液中的颗粒。

### (四) 离心管

离心管有各种大小（1.5～1 000 ml)，所用材料也不一，下面是选择离心管时应考虑的一些性能。

1．容量　由样品的体积决定。注意在有些应用中（如高速离心）离心管必须装满。

2．形状　收集沉淀时，用圆锥形管底的离心管较好，而进行密度梯度离心时用圆底形试管较好。

3．最大离心力　详细信息可参考厂家的说明书。

4．耐腐蚀性　玻璃管是惰性物质，聚碳酸酯管对有机溶剂（如乙醇、丙酮）敏感，而聚丙烯具有更好的耐腐蚀性。

5．灭菌　一次性塑料离心管出厂时通常是消过毒的。玻璃管及聚丙烯管可重复灭菌使用。

6．透明度　玻璃管和聚碳酸酯管是透明的，而聚丙烯管为半透明。

7．能否刺穿　若应用刺穿管壁的方法收集样品，纤维素乙酸管和聚丙烯管易于用注射管针头刺穿。

8．管帽　大多数角式及垂直管式转子要求离心管有管帽，用以防止使用过程中样品漏出，并在离心过程中支撑离心管，防止其离心时变形。对于放射性样品，即使是低速离心也一定要盖管帽，并且要使用与所用离心管配套的管帽。

### (五) 离心方法

离心方法主要有三种：差速离心、密度梯度离心和沉降平衡离心。

1．差速离心法　通过逐步增加相对离心力，使一个非均匀混合液内形状不同的大小颗粒分步沉淀。将一混合悬浮液以一定的离心力离心一定的时间后，混合物将会被分为沉淀和上清液两部分。从一种悬浮液中增加离心力，以固定的离心时间连续分离沉淀的方法被广泛应用于从细胞匀浆中分离细胞器。操作步骤：

离心前盛在离心管内的是含有大、中、小三种颗粒的悬浮液；低速离心后，沉淀主要由最大的颗粒组成；进一步用高速离心上清液，得到主要由中等大小颗粒组成的第二种沉淀；最后一步用离心把余下的小颗粒沉淀下来。

差速离心法主要用于分离细胞器和病毒。

（1）差速离心法的优点是：操作简单，离心后用倾倒法即可将上清液与沉淀分开，并可使用容量较大的角式转子。

（2）差速离心法的缺点是：分离效果差，不能一次得到纯颗粒；壁效应严重，特别是当颗粒很大或浓度很高时，在离心管一侧会出现沉淀；颗粒被挤压，离心力过大、离心时间过长会使颗粒变形、聚集而失活。

2．密度梯度离心法　离心前，离心管内先装入分离介质（如蔗糖、甘油等），使形成连续的或不连续的密度梯度介质，然后加入样品进行离心，具体又可分为以下三种。

（1）速度区带离心法：离心前，离心管内先装入蔗糖、甘油、CsCl、Percoll等密度梯度介质，待分离样品铺在梯度液的顶部、离心管底部或梯度层中间，同梯度液一起离心，利用各颗粒在梯度液中沉降速度或漂浮速度的不同，使具有不同沉降速度的颗粒处于不同密度的梯度层内，达到彼此分离的目的。本法可用于分离各种细胞、病毒、染色体、脂蛋白、DNA和RNA等生物样品。

（2）预制梯度等密度离心法：要求在离心前预先配制管底浓而管顶稀的密度梯度介质，常用介质有蔗糖、CsCl等，待分离样品一般铺在梯度液顶上，如需挟在梯度液中间或管底部，则需调节样品液密度。离心后，不同密度的样品颗粒到达与自身密度相等的梯度层，即达到等密度的位置而获得分离。

（3）自成梯度等密度离心法：某些密度介质经过离心后会自成梯度，如Percoll可迅速形成梯度，CsCl和三碘甲酰葡萄糖胺经长时间离心后也可产生稳定的梯度。需要离心分离的样品可与梯度介质先均匀混合，离心开始后，梯度介质由于离心力的作用逐渐形成管底浓而管顶稀的密度梯度，与此同时，可以带动原来混合的样品颗粒也发生重新分布，到达与其自身密度相等的梯度层里，即达到等密度的位置而获得分离。

3．沉降平衡离心法　根据被分离物质的浮力密度差别进行分离，所用的介质起始密度约等于被分离物质的密度，介质在离心过程中形成密度梯度，被分离物质沉降或上浮到达与之密度相等的介质区域中停留并形成区带。这种状态就是沉降平衡。通过平衡时的浓度分布分析可计算出溶质的分子量。由于实验技术和理论发展的结果，本法已成为测定生物体各种大分子分子量的最标准的方法，对蛋白质亚基的解离和聚合等也可用本法进行研究。

### （六）离心机的使用原则（具体使用方法请参考仪器使用说明书）

1．离心前先将盛有样品的离心管（或试管）和套管在台秤上平衡，调节双方重量相等，否则，当离心机转动时容易受损。

2．双方平衡后，分别放在离心机转盘的对称两孔洞内。

3．检查电源的电压，插好插头，开动开关，然后转动速度调节器，缓慢地逐步增加转速以达到所需要的速度。在转动过程中，离心机机身应稳，声音均匀，如有机身不稳或声音异常，表示对称两管的重量不等，应立即停止离心。

4．离心时间到时，先逐步减慢速度，转动调节器到“停”或“0”，然后关闭开关，让离心机自行停止，严禁用手强制使其停止转动。

5．最后将离心管取出，离心套管倒置于固定架内。

高速离心机都有冷却装置，以防止转轴的温度过高和保护生物样品；所有超速离心机都有真空装置，以减少离心室内空气和转头的摩擦作用。高速和超速离心机的转头都标有最大转速，离心时绝对不得超过这一限度，否则会引起转头破裂，损坏仪器和造成人身伤亡。

# 第三部分　生物化学实验

## 实验一　蛋白质沉淀凝固

Antoine François

图 3-1

Gerardus Johannes Mulder

图 3-2

Proteins were recognized as a distinct class of biological molecules in the eighteenth century by Antoine Fourcroy and others, distinguished by the molecules' ability to coagulate or flocculate under treatments with heat or acid. Noted examples at the time included albumin from egg whites, blood, serum albumin, fibrin, and wheat gluten. Dutch chemist Gerhardus Johannes Mulder carried out elemental analysis of common proteins and found that nearly all proteins had the same empirical formula. The term "protein" to describe these molecules was proposed in 1838 by Mulder's associate Jöns Jakob Berzelius. Mulder went on to identify the products of protein degradation such as the amino acid leucine for which he found a（nearly correct）molecular weight of 131 Da.

The difficulty in purifying proteins in large quantities made them very difficult for early protein biochemists to study. Hence, early studies focused on proteins that could be purified in large quantities，e.g., those of blood, egg white, various toxins, and digestive/metabolic enzymes obtained from slaughterhouses. In the late 1950s, the Armour Hot Dog Co. purified 1 kg（= one million milligrams）of pure bovine pancreatic ribonuclease A and made it freely available to scientists around the world.

Linus Pauling is credited with the successful prediction of regular protein secondary structures based on hydrogen bonding, an idea first put forth by William Astbury in 1933. Later work by Walter Kauzmann on denaturation, based partly on previous studies by Kaj Linderstrøm-Lang, contributed an understanding of protein folding and structure mediated by hydrophobic interactions. In 1949 Fred Sanger correctly determined the amino acid sequence of insulin, thus conclusively demonstrating that proteins consisted of linear polymers of amino acids rather than branched chains, colloids, or cyclols. The first atomic-resolution structures of proteins were solved by X-ray crystallography in the 1960s and by NMR in the 1980s. As of 2006, the Protein Data Bank has nearly 40, 000 atomic-resolution structures of proteins. In more recent times, cryo-electron microscopy of large macromolecular assemblies and computational protein structure prediction of small protein domains are two methods approaching atomic resolution.

Protein 这个词是荷兰生理化学家 Mulder 在他的一篇论文中首次提到的。当时，Mulder 在他的研究中注意到，有一种广泛存在于植物、动物体内包括血清及蛋清等组织中，且生命活动过程中不可缺少的复杂物质。Mulder 认为，生命活动过程中存在的复杂物质是由一种物质所组成，并将这种物质命名为 Protein，并认为 Protein 是构成所有生命组织中复杂物质的第一重要元素（First importance）。

蛋白质带有许多正负电荷，在水溶液中呈现两性电解质，又有许多亲水基团，因此，其水溶液具有一定的稳定性。但经某些方法处理后，破坏其电荷性及亲水性，蛋白质则又很易从溶液中沉淀出来。

促使蛋白质沉淀的因素很多，大致可分为两类。

第一类是可逆的沉淀反应。这时，蛋白质的空间构象未受到很大改变，除去沉淀因素后，可以重新溶解，如盐析和低温乙醇沉淀蛋白。

第二类是不可逆的沉淀反应。重金属盐类或生物碱试剂沉淀蛋白后，由于蛋白质结构发生重大改变，所以不再溶于水中。不可逆的蛋白质沉淀多表示蛋白质已经变性。变性的蛋白质在等电点附近加热时，蛋白质分子间相互盘绕而变成坚实的凝块。

## 一、实验材料、器具和试剂

1．不同浓度的蛋白质溶液

（1）5%蛋白质溶液：取出鸡蛋清用水稀释 20 倍，即相当于 5%蛋白质溶液。

（2）2%蛋白质溶液：取出鸡蛋清用水稀释 50 倍，即相当于 2%蛋白质溶液。

（3）1%蛋白质溶液：取出鸡蛋清用水稀释 100 倍，即相当于 1%蛋白质溶液。

2．95%乙醇。

3．饱和硫酸铵溶液。

4．硫酸铵结晶粉末。

5．3%硝酸银溶液。

6．1%乙酸和10%乙酸。

7．10%氢氧化钠和2%氢氧化钠。

8．苦味酸饱和溶液（约1.3%）及鞣酸饱和溶液。

9．10%三氯乙酸溶液。

## 二、实验步骤

### （一）蛋白质的盐析

用高浓度的中性盐，使蛋白质的荷电性受到破坏并能去掉蛋白质的水化膜，以致失去稳定性而沉淀出。

由于蛋白质的组成不同，其性质便不相同，因而沉淀时所需中性盐的浓度也不相同。如半饱和的硫酸铵只能沉淀球蛋白，饱和硫酸铵才能沉淀清蛋白。盐析沉淀蛋白质往往不引起变性，所以常用于分离各种天然蛋白质。

1．取一试管，加入3 ml 5%蛋白质溶液及3 ml饱和硫酸铵溶液，摇匀，此时溶液成为半饱和硫酸铵溶液。静置数分钟，则有蛋白质沉淀出现。此为何种蛋白质？

2．将试管内容物过滤，加硫酸铵结晶粉末于滤液中，使达到饱和状态，此时析出的蛋白质是哪一种？注意固体硫酸铵若加到过饱和则有结晶析出，勿与蛋白质沉淀混淆。

3．取上项混浊液，加水2 ml，观察是否复溶。

### （二）乙醇沉淀蛋白质

乙醇能够破坏蛋白质的胶体性质而使蛋白质沉淀。在室温中乙醇与蛋白质接触较久后，可使之变性，形成不可逆的沉淀反应。但在低温下，可以避免乙醇的变性作用。

1．试管4支，标以1、2、3、4号码，按表3-1操作。

**表3-1　乙醇沉淀蛋白质步骤**

| 试剂 | 1 | 2 | 3 | 4 |
|---|---|---|---|---|
| 5%蛋白质溶液（ml） | 1 | 1 | 1 | 0 |
| 1%乙酸（滴） | 0 | 1～2 | 0 | 0 |
| 95%乙醇（ml） | 0 | 0 | 0 | 2 |

2．将第 3 号管及第 4 号管置于冰盐浴中，冷却 5 min，然后将 4 号管的冰乙醇倒入 3 号管中并混匀（迅速观察）。同时向 1 号及 2 号管中各加入未冷却的 95%乙醇 2 ml 混合均匀。观察各管中的沉淀情况并立即向 1 号、2 号及 3 号管中各加入蒸馏水 10 ml，混匀（注意此步要求迅速），比较各管变化并解释。

### （三）重金属盐沉淀蛋白质

在溶液的 pH 值大于蛋白质的等电点时，带负电荷的蛋白质与带正电荷的重金属离子结合成盐而沉淀出。

取试管 4 支，按表 3-2 操作。

**表 3-2　重金属盐沉淀蛋白质的步骤**

| 试剂 | 1 | 2 | 3 | 4 |
|---|---|---|---|---|
| 5%蛋白质溶液（滴） | 5 | 5 | 5 | 5 |
| 1%乙酸（滴） | 0 | 0 | 2 | 2 |
| 1%硫酸铜（滴） | 3 | 0 | 3 | 0 |
| 3%硝酸银（滴） | 0 | 3 | 0 | 3 |

混合均匀，比较各管混浊程度并稀释此种现象。

### （四）生物碱试剂沉淀蛋白质

能使生物碱（或植物碱）沉淀或与其产生颜色反应的物质称为生物碱试剂，如鞣酸、苦味酸、磷钨酸等。在溶液的 pH 值小于蛋白质的等电点时，蛋白质成为正离子并与生物碱试剂的负离子结合成盐而沉淀。

1．取试管 2 支，各加入 1%蛋白质溶液 1 ml 及 1%乙酸 2～3 滴，使溶液呈酸性。

2．于上述 2 支试管中分别加入苦味酸溶液及鞣酸溶液数滴，观察结果。

3．另取试管 1 支，加入 1%蛋白质溶液 1 ml 及三氯乙酸数滴，观察结果。

### （五）蛋白质的加热凝固

蛋白质在其等电点附近加热，即发生凝固现象。蛋白质的加热凝固是变性作用的结果，在加热过程中，随着蛋白质变性作用的深化，使已变性的蛋白质分子间凝聚成凝胶状的蛋白质块。但应注意，当蛋白质溶液远离等电点而带有很多电荷时，虽然加热使其变性，但易发生凝固现象。

1．取试管 4 支，各加入 2%蛋白质溶液 2 ml。

2．将 1 号管加热，可见到微细沉淀析出。

3．将 2 号管加入 1%乙酸 1 滴后加热，蛋白质的沉出较快而完全，为什么？在此管中加入 5 ml 蒸馏水，观察是否复溶，为什么？

4．向 2 号管中加入 1%乙酸 0.5 ml 后加热至沸腾，并不发生沉淀，为什么？

5．向 4 号管中加入 10%氢氧化钠溶液 0.5 ml 加热至沸腾，是否发生沉淀，为什么？

**思考与讨论**

1．从某一溶液中去除杂蛋白，选用哪种沉淀方法，简述其实验步骤。

2．从血清中制备有活性的清蛋白，选用哪种沉淀方法，简述其实验步骤。

3．有一种蛋白质溶液，已知这种蛋白的等电点为 8.6，我们如何用重金属盐将其沉淀下来，请设计方案。

4．某同学欲使用有机溶剂沉淀蛋白质的方法，将血清中的蛋白质沉淀下来，为使沉淀速度加快，该同学将血清稀释后，在血清中加入大量乙酸，试问该同学的做法正确吗？为什么？

5．在进行蛋白质盐析时，某同学没有严格按操作进行，他使用自来水代替蒸馏水进行，该同学与其他同学的实验结果有差别吗？为什么？

# 实验二　氨基酸纸层析

Mikhail Semyonovich Tsvet（1872—1919）was a Russian botanist who invented adsorption chromatography. In Russian，his last name is meaningful: literally，it can be translated as "color"（the same word, coming from the ancient Russian，was and still is being used to denote "flower" in Russian poems）.

图 3-3

Mikhail Semyonovich Tsvet

Mikhail Tsvet invented chromatography in 1901 during his research on plant pigments. He used liquid-adsorption column chromatography with calcium carbonate as adsorbent and petrol ether / ethanol mixtures as eluent to separate chlorophylls and carotenoids. The method was described on 30 December 1901 at the XI Congress of Naturalists and Physicians in St. Petersburg. The first printed description was in 1903, in the Proceedings of the Warsaw Society of Naturalists, biology section. He first used the term "chromatog-raphy" in print in 1906 in his two papers about chlorophyll in the German botanical journal, Berichte der Deutschen botanischen Gesellschaft. In 1907 he demonstrated his chromatogaph for the German Botanical Society.

Because of the tragic events in Russia at the beginning of the 20th century, Tsvet's chromatography method went into oblivion and was recollected 10 years after his death thanks to German scientist Edgar Lederer and Austrian biochemist Richard Kuhn.

层析法又称色层分析法或色谱法（chromatography），在 1903~1906 年由俄国植物学家 M. Tswett 首先提出将叶绿素的石油醚溶液通过 $CaCO_3$ 管柱，并继续以石油醚淋洗，由于 $CaCO_3$ 对叶绿素中各种色素的吸附能力不同，色素被逐渐分离，在管柱中出现了不同颜色的谱带或称色谱图。层析法是利用混合物中各组成部分物理化学性质的差异（如吸附力、分子形状及大小、分子亲和力、分配系数等），使各组成部分在固定相和流动相中的分布程度不同，从而使各组成部分以不同的速度移动而达到分离的目的。

纸层析法以滤纸为载体，滤纸上吸附着水（含 20%～22%）是经常用的固定相。某些有机溶剂为流动相，把欲分离的物质加在距圆心一定距离的同心圆上，使流动溶剂由中心向四周扩散，这样在两相之间发生分配现象。由于物质分配系数的不同，就逐渐在纸上集中于不同的部位。在固定相中分配趋势较大的成分，随流动相移动的速度就慢；反之，在流动相分配趋势较大的成分，移动速度就快。

## 一、实验器材和试剂

### （一）实验器材

层析缸、毛细管、喷雾器、培养皿、层析滤纸。

### （二）实验试剂

1．甘氨酸（丙氨酸） 甘（丙）氨酸 20 mg，溶于 5 ml 蒸馏水中。

2．亮氨酸 亮氨酸 50 mg，溶于 5 ml 蒸馏水中，滴加 6 mol/L 盐酸促溶。

3．酪氨酸 酪氨酸 50 mg，溶于 5 ml 蒸馏水中，滴加 6 mol/L 盐酸促溶。

4．氨基酸混合液 甘氨酸 10 mg，酪氨酸 15 mg，亮氨酸 5 mg，共溶于 1 ml 蒸馏水中，加入 6 mol/L 盐酸 1～3 滴。

5．0.1%茚三酮乙醇溶液。

6．展层剂 正丁醇：醋酸：水为 4：1：5 的体积比混合。混匀后，放置 12 h，取上层液备用。

## 二、实验步骤

1．取滤纸一张，直径要比培养皿稍大。用圆规自滤纸圆心处以 1 cm 为半径画圆，画圆时不可折叠滤纸，将此圆的圆周分成四等份，并做好标记。

2．将滤纸平放在干净且干燥的培养皿上，在画好的圆周四等份处，分别用干净的毛细管小心点样，样品直径不得超过 0.5 cm，用吹风机吹干或在空气中自然干燥。

3．取一长 2 cm、宽 1 cm 的同一原料的滤纸条，将其一端剪成条状，卷起来即成纸芯。然后在滤纸的圆心处穿一小孔，孔口大小恰好使纸芯插入，然后剪去纸芯的上端尽量与纸面相齐，下端以刚好接触底为宜。

4．取下滤纸，将展层剂 10 ml（皿中央液深约 2 cm），经玻璃棒缓慢倒入培养皿中。再将滤纸放置如前，并迅速用同样大小的培养皿严密覆盖于上。

5．当溶剂展层至接近培养皿边缘时，取出滤纸，拔出滤芯，迅速用铅笔划下展层剂前沿的位置，再用吹风机吹干或室温晾干。

6．将上述滤纸平放于培养皿上，用喷雾器喷上 0.1%茚三酮溶液，再用吹风机或 60℃干燥箱干燥，此时可见紫色的色斑出现。用铅笔标记各色斑中心，测量并计算出各氨基酸的 $R_f$ 值，比较 $R_f$ 值，确定混合氨基酸的成分。

## 三、结果处理

物质在纸上移动的速度可以用 $R_f$（移动速率）表示：

$$R_f = \frac{\text{色斑中心至原点中心的距离}}{\text{溶剂前缘至原点中心的距离}}$$

在一定条件下，某种物质的 $R_f$ 值是常数。

**思考与讨论**

1．做好本实验的关键是什么？

2．实验操作过程，为何不能用手接触滤纸？

3．影响 $R_f$ 值的因素有哪些？

# 实验三　血清蛋白醋酸纤维素薄膜电泳

Arne Wilhelm Kaurin Tiselius（1902—1971）was a Swedish biochemist who won the Nobel Prize in Chemistry in 1948.

He was born in Stockholm. Following the death of his father，the family moved to Gothenburg where he went to school，and after graduation at the local "Realgymnasium" in 1921, he studied at the University of Uppsala, specializing in chemistry. He became research assistant in The Svedberg's laboratory in 1925 and obtained his doctor's degree in 1930 on the moving-boundary method of studying the electrophoresis of proteins.

图 3-4

Arne Wilhelm Kaurin Tiselius

Beginning in the early 1930's，Tiselius developed techniques for separating proteins on the basis of their migration in an electric field. Positively charged proteins move toward the cathode and negatively charged proteins move toward the anode. The trick was to detect the proteins as they move in a solution（the "moving boundary"）. By the late 1930's，Tiselius had constructed a complex apparatus that detected bands of protein by recording changes in the refractive index of the solution as the boundary moved past a lens（"schlieren" method）.

He used this technique to analyze the protein in blood plasma showing for the first time that the mixture was very complex and heterogeneous. These days electrophoresis is a common technique in biochemistry labs，especially using a gel matrix. Undergraduates easily separate complex mixtures at a resolution that Tiselius never dreamed of when he began his work 80 years ago.

Tiselius really is the father of electrophoresis and his contribution to modern biochemistry needs to be more widely appreciated.

采用醋酸纤维素薄膜为支持物的电泳方法，叫做醋酸纤维素薄膜电泳。醋酸纤维素，是纤维素的羟基乙酰化所形成的纤维素醋酸酯。将它溶于有机溶剂（如丙酮、氯仿、氯乙烯、乙酸乙酯等）后，涂抹成均匀的薄膜则成为醋酸纤维素薄膜。该膜具有均一的泡沫状的结构，有强渗透性，厚度约为 120 μm。醋酸纤维素薄膜电泳具有微量、快速、简便、对样品无拖尾和吸附现象等优点，趋向于代替纸电泳。

血清中各组分蛋白质的等电点均低于 pH 8.6，将其放在醋酸纤维素薄膜载体上，置于有 pH 8.6 的电极缓冲液通过的电场中进行电泳时都带负电荷、向正极移动。由于它们等电点不同，荷电量不等，分子大小各异，在电场中移动速度不同而被彼此分离。电泳膜经染色、漂洗后，便呈现出 5 条不连续的区带蛋白电泳图谱，从正极端起，依次为清蛋白、$\alpha_1$-球蛋白、$\alpha_2$-球蛋白、β-球蛋白、γ-球蛋白。由于蛋白质含量与吸附的染料成正比，据此，剪下各条谱带，用碱液洗下蛋白质吸附的染料，进行比色分析，即可计算出血清样品中各区带蛋白质的百分含量。

## 一、实验器材和试剂

### （一）实验器材

1. 电泳仪和醋酸纤维薄膜电泳槽。
2. 醋酸纤维薄膜（8.0 cm × 2.0 cm）。
3. 722 型分光光度计。
4. 万用电表。
5. 加样器、无损伤薄膜镊子、铅笔、滤纸、染液缸、漂洗缸、载玻片等。
6. 试管及试管架。

### （二）实验试剂

1. pH 为 8.6，离子强度 0.06 的巴比妥电极缓冲液　称取巴比妥钠 12.76 g，巴比妥 1.66 g，加水溶解并定容至 1 000 ml。

2. 氨基黑 10 B 染色液　取氨基黑 10B 0.5 g 溶于 50 ml 甲醇中，再加入冰醋酸 10 ml，蒸馏水 40 ml。

3. 漂洗液　用 95%乙醇 45 ml 加冰醋酸 5 ml、蒸馏水 50 ml 混匀，室温贮存。

4. 洗脱液　0.4 mol/L 氢氧化钠溶液。

## 二、实验步骤

### （一）仪器和薄膜的准备

1. 醋酸纤维素薄膜的润湿的选择　将薄膜小心地放入盛有缓冲液的培养皿内，使它漂浮在液面。若迅速润湿，整条薄膜色泽深浅一致，则表明薄膜质地均匀；若润湿时，薄膜上出现深浅不一的条纹或斑点等，则为薄厚不匀的薄膜。实验中应选用质地均匀的薄膜。

将选用的薄膜用镊子轻压，使它全部浸入缓冲液内，待膜完全浸透（约

0.5 h）后取出，夹在清洁的滤纸中间，轻轻吸去多余的缓冲液，同时分辨出光泽面和无光泽面。

2．制作“滤纸桥” 剪裁尺寸合适的滤纸条。取双层附着在电泳槽的支架上，使它的一端与支架的前沿对齐，而另一端浸入电泳槽的缓冲液内。然后，用缓冲液将滤纸全部润湿并驱除气泡，使滤纸紧贴在支架上，即为“滤纸桥”。按照同样的方法，在另一个电泳槽的支架上制作相同的“滤纸桥”。“滤纸桥”的作用是联系醋酸纤维素薄膜和两极缓冲液之间的中间“桥梁”。

3．平衡 用平衡装置（或自制的平衡管），使两个电泳槽内缓冲液的液面彼此处于水平的状态。一般需要平衡 15～20 min。注意，平衡后应将平衡装置的活塞关好（或除去平衡管）。

### （二）点样

在薄膜无光泽的一面点样。点样区距负极端 1.5 cm 处。点样时，先用血色素吸管将 2～3 μl 的血清均匀地涂在点样器表面，再用点样器“印”在薄膜的点样区内（图 3-5）。注意，应使血清均匀分布在点样区，形成具有一定宽度、精细匀称的直线，切不可用力过大把薄膜弄破。

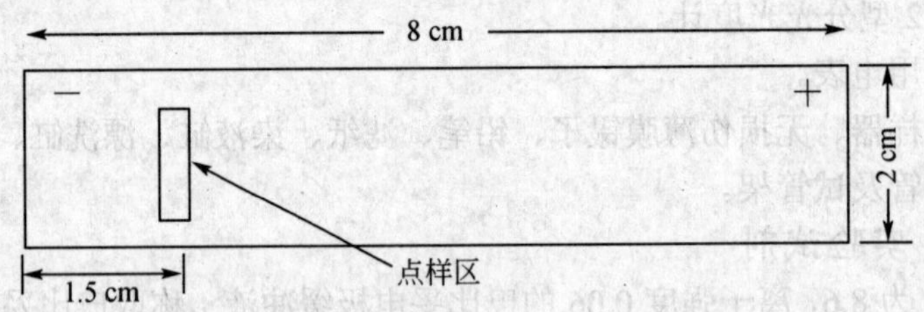


图 3-5　醋酸纤维素薄膜规格及点样位置

### （三）电泳

将点样后的薄膜使无光泽面向下贴在电泳槽支架的“滤纸桥”上，点样端置于阴极。待平衡 10 min 后再通电。打开电源开关，调节电压和电流强度，一般情况下，薄膜每厘米长度电压为 10 V 左右，薄膜每厘米宽的电流强度为 0.4～0.6 mA。通电 45～60 min，关闭电源（图 3-6）。

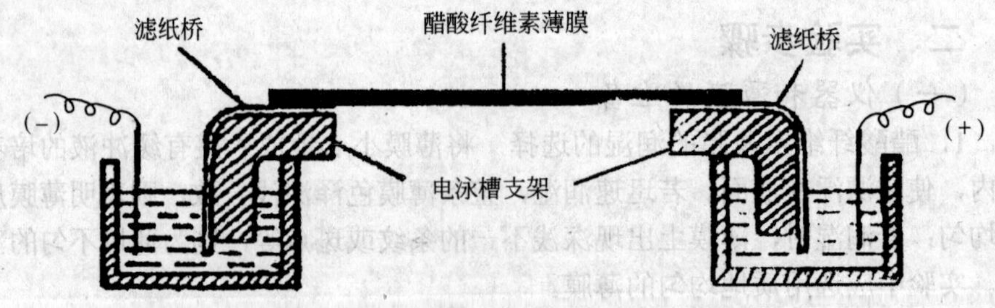


图 3-6　醋酸纤维素薄膜电泳装置示意图

### （四）染色

电泳完毕立即用镊子取出薄膜，直接浸入盛有染色液的器皿中，染色 2～5 min 后取出，用漂洗液浸洗数次，至背景颜色脱去为止。将膜夹在干净的滤纸中，吸去多余的溶液。

### （五）结果判断

一般的染色后的薄膜上可显现清楚的 5 条区带。从正极端起，依次为清蛋白、$\alpha_1$-球蛋白、$\alpha_2$-球蛋白、β-球蛋白和γ-球蛋白。

### （六）定量

1. 洗脱　取试管 6 支，编号依次为 0（空白）、A、$\alpha_1$、$\alpha_2$、β、γ，将电泳图谱亦按 A、$\alpha_1$、$\alpha_2$、β、γ 蛋白区带剪开，分别装入相应号码试管中。再在图谱两端无蛋白部位剪一条宽约 $\alpha_1$ 带的空白带放入空白管中。各管中加 0.4 mol/L 氢氧化钠溶液 5 ml，反复摇动几次，使其充分洗脱。

2. 比色　用分光光度计在 620 nm 波长下进行比色，以空白管校正零点，读取清蛋白及 $\alpha_1$、$\alpha_2$、β 及 γ 球蛋白各管的吸光度。

3. 计算　先按下式计算光密度总和（T）：

$$T = A + \alpha_1 + \alpha_2 + \beta + \gamma$$

之后，再按下面算式计算各组分蛋白质的百分数：

清 蛋 白（%）＝（A/T）×100%

$\alpha_1$ 球蛋白（%）＝（α1/T）×100%

$\alpha_2$ 球蛋白（%）＝（$\alpha_2$/T）×100%

$\beta_1$ 球蛋白（%）＝（β/T）×100%

γ 球蛋白（%）＝（γ/T）×100%

## 三、临床意义

1．参考值　正常人血清蛋白质醋酸纤维素薄膜电泳分离组分及百分含量如下：

清蛋白（A）57%～72%

$\alpha_1$-球蛋白 2%～5%

$\alpha_2$-球蛋白 4%～9%

β-球蛋白 6.5%～12%

γ-球蛋白 12%～20%

2．临床意义　血清蛋白质醋酸纤维素薄膜电泳在临床上常用于分析血、尿等样品中的蛋白质，供临床上诊断肝、肾等疾病参考。如肾病综合征患者，血浆蛋白中小分子量的白蛋白漏出随尿液排出体外，导致醋纤膜电泳图谱中白蛋白区带明显变小变浅。又如，慢性肝炎和肝硬化患者，由于肝细胞受损，肝脏合成血浆蛋白质的能力大大下降，使血浆白蛋白显著降低，γ-球蛋白相对显著增加。多发性骨髓瘤病人血清蛋白质醋纤膜电泳图谱中可见不正常的球蛋白条带。

**思考与讨论**

1．为什么电泳时采用 pH 8.6 的缓冲液？

2．应用醋酸纤维素薄膜分离血清蛋白质有哪些注意事项？

3．用醋酸纤维素薄膜作支持物比滤纸有哪些优点？

# 实验四　核酸的提取与鉴定

Johan Friedrich Miescher（1844—1895）was a Swiss biologist. He isolated various phosphate-rich chemicals，which he called nuclein（now nucleic acids），from the nuclei of white blood cells in 1869 at Felix Hoppe-Seyler's laboratory at the University of Tübingen，Germany，paving the way for the identification of DNA as the carrier of inheritance.

图 3-7
Johan Friedrich Miescher

Miescher originally wanted to study lymphocytes but was encouraged by Felix Hoppe-Seyler to study leucocytes. Miescher was interested in studying the chemistry of the nucleus. Lymphocytes were difficult to obtain in sufficient enough numbers to study while leucocytes were known to be the one of the main components in pus and could be obtained from bandages at the nearby hospital. The problem was，however，washing the cells off the bandages without damaging them.

Miescher devised different salt solutions eventually producing one with sodium sulfate. The cells were filtered. Since centrifuges were not present at this time the cells were allowed to settle at the bottom of a beaker. He then tried to isolate the nuclei free of cytoplasm. He subjected the purified nuclei to an alkaline extraction followed by acidification resulting in a precipitate being formed which Miescher called nuclein（now known as DNA）. He found that this contained phosphorus，nitrogen，and sulfur. The discovery was so unlike anything else at the time that Hoppe-Seyler repeated all Miescher's research himself before publishing it in his journal. Friedrich then went on to study physiology at Leipzig in the laboratory of Carl Ludwig for a year before returning to Basel where he was appointed professor of physiology.

Miescher and his students researched much of the nucleic acid chemistry but their function remained unknown. However，his discovery played an important part in the identification of nucleic acids as the carriers of inheritance. The importance of Miescher's discovery was not apparent until Albrecht Kossel（a German physiologist specializing in the physiological chemistry of the cell and its nucleus and of proteins) carried out research on the chemical structure of nuclein. Friedrich Miescher is also known for demonstrating that carbon dioxide concentrations in blood regulate breathing.

1868 年，瑞士的 Friedrich Miescher（1844～1895 年），首先从脓细胞分离出细胞核，用碱抽提再加入酸，得到一种含氮和磷特别丰富的沉淀物质，当时曾叫做核质。1872 年，又从鲑鱼的精子细胞核中发现了大量类似的酸性物质，随后有人在多种组织细胞中也发现了这类物质的存在。因为这类物质都是从细胞核中提取出来的，而且都具有酸性，因此称之为核酸。过了多年以后，才有人从动物组织和酵母细胞分离出含蛋白质的核酸。

核酸都溶于水，而不溶于有机溶剂，可利用此性质进行核酸的提取。在生物体内核酸多以核蛋白形式存在于组织细胞中。根据核糖核蛋白与脱氧核糖核蛋白在不同浓度的氯化钠溶液中的溶解度不同进行分离，然后用蛋白质变性沉淀剂除去蛋白，使核酸释放出来，再利用核酸不溶于乙醇的性质将核酸析出，达到分离提纯的目的。

在 0.14 mol/L 的氯化钠溶液中，RNA 核蛋白溶解度大，而 DNA 核蛋白溶解度较小，仅为在水中溶解度的 1%；相反，在 1 mol/L 的氯化钠溶液中，DNA 核蛋白溶解度最大，比在水中溶解度大两倍，而 RNA 核蛋白溶解度却很小。核蛋白分离后可用蛋白质变性沉淀剂（如氯仿-异戊醇、十二烷基硫酸钠和热酚等）去除蛋白，释放核酸。去除蛋白后的核酸溶液中加入 1.5～2 倍体积的 95% 乙醇，核酸便从溶液中析出。

动物组织中含有核糖核酸酶（RNase）和脱氧核糖核酸酶（DNase）。在一定温度下可被 $Mg^{2+}$、$Fe^{2+}$等离子激活，为避免其对核酸的水解作用，可在核酸提取液中加入适量螯合剂（如 EDTA、柠檬酸），以除去这些离子，降低核酸酶的活性。整个分离提取过程要保持低温。

RNA 与浓盐酸共热时发生降解，产生的戊糖又可转变为糠醛，在 $FeCl_3$ 或 $CuCl_2$ 催化下，糠醛与地衣酚（3,5-二羟基甲苯）反应形成绿色复合物。

DNA 分子中 2-脱氧核糖残基在酸性溶液中加热降解，产生 2-脱氧核糖并形成 ω-羟基-γ-酮基戊酸，后者与二苯胺试剂反应产生蓝色化合物。在反应液中加入少量乙醛，可以提高反应灵敏度。

## 一、实验器材和试剂

### （一）实验器材

不锈钢剪刀、烧杯、匀浆器、离心机（可制冷）、玻棒、量筒、试管、水浴锅。

### （二）实验试剂

1．地衣酚试剂　称取 50 mg 地衣酚溶于 50 ml 浓盐酸中，再加入 50 mg $FeCl_3 \cdot 6H_2O$，该溶液应在使用前新鲜配制。

2．二苯胺试剂　称取 1 g 二苯胺溶入 100 ml 冰醋酸中，再加入 2.75 ml 浓硫酸氢混匀，冷藏保存备用。

3．0.14 mol/L 氯化钠溶液（内含 0.01 mol/L 柠檬酸）。

4．1 mol/L 氯化钠溶液。

## 二、实验步骤

### （一）制备核酸提取液

1．将动物肝脏用冷的 0.14 mol/L 氯化钠溶液洗去血水，用剪刀将肝脏剪成碎块，放入匀浆器中加入 2 倍体积的 0.14 mol/L 氯化钠溶液制备匀浆液。

2．将匀浆液置于离心机中离心 20 min（3 000 rpm），上层清液是 RNA 核蛋白提取液，下层沉淀是细胞碎片及 DNA 核蛋白。上层清液倾出留待提取 RNA。下层沉淀再用 0.14 mol/L 氯化钠溶液重复抽提 2 次，以减少 RNA 核蛋白对 DNA 核蛋白抽提的影响。

3．下层沉淀中，加入 2 倍体积冷的 1 mol/L 氯化钠溶液，混匀，置冰箱中过夜或室温下放置 5～6 h，待进一步提取 DNA。

### （二）核酸的提取

1．RNA 的提取

（1）在 0.14 mol/L 的氯化钠抽提液（内含 RNA 核蛋白）中加入等体积的氯仿-异戊醇，置带塞离心管中，振摇 30 min，此时提取液为乳白色混悬液，离心 15 min（3 000 r/min），离心物呈上中下三层，氯仿密度大在下层，中层为变性蛋白质凝胶，上层是核酸溶液。

（2）用滴管吸出上层清液，在低温下加入 1.5～2 倍体积的冷 95%乙醇，并轻轻搅拌。低温放置 15 min，离心 10min（3 000 r/min），弃去上清液，即得 RNA 颗粒状沉淀，待定性。

2．DNA 的提取（每次需采用冷冻离心）　把 1 mol/L 氯化钠匀浆液以离心 20 min（3 000 r/min），取上清液倒入带塞的离心管中，加入等体积的氯仿-异戊醇振摇 30 min，离心 20 min。将其上清液加入 2 倍体积的冷 95%乙醇，边加边摇，抽出玻棒，纤维状 DNA 就缠绕在玻棒上待定性。

### （三）定性试验

1．RNA 的呈色反应　把 RNA 颗粒状的沉淀溶于 4 ml 的 0.14 mol/L 氯化钠溶液中即为 RNA 溶液。取 2 支试管，一管加入 1.5 ml RNA 溶液，另一管加入蒸馏水 1.5 ml，向 2 管中各加入 3 ml 地衣酚试剂，于沸水浴中加热 10 min，溶液由黄色变成绿色为阳性反应。

2．DNA 的呈色反应　把 DNA 纤维状沉淀溶于 4 ml 的 1 mol/L 氯化钠溶液中即为 DNA 溶液。取 2 支试管，一管加入 1.5 ml DNA 溶液，另一管加入蒸馏水 1.5 ml，向两管中各加入 3 ml 二苯胺试剂，于沸水浴中加热 10 min，溶液由乳白色变成蓝色为阳性反应。

**思考与讨论**

1．本实验的目的是什么？

2．在核酸提取过程中，要注意哪些问题？

# 实验五　血清丙氨酸氨基转移酶（ALT）活性的测定——赖氏比色法

Emil Christian Hansen（1842—1909）was a Danish mycologist and fermentation physiologist. Employed as a fermentation physiologist at the Carlsberg Laboratories, Director of the physiological department of the Carlsberg Laboratories from 1879 to 1909. Apart from numerous original and review papers on yeast and fermentation, he has written a large work on fungi on dung and a number of other mycological papers, mainly on ascomycetes.

图 3-8
Emil Christian Hansen

The history of modern enzyme technology really began in 1874 when the Danish chemist Christian Hansen produced the first specimen of rennet by extracting dried calves' stomachs with saline solution. Apparently this was the first enzyme preparation of relatively high purity used for industrial purposes.

This significant event had been preceded by a lengthy evolution. Enzymes have been used by man throughout the ages, either in the form of vegetables rich in enzymes, or in the form of microorganisms used for a variety of purposes, for instance in brewing processes, in baking, and in the production of alcohol. It is generally known that enzymes were already used in the production of cheese since old times.

Even though the action of enzymes has been recognised and enzymes have been used throughout history, it was quite recently that their importance were realised. Enzymatic processes, particularly fermentation, were the focus of numerous studies in the 19th century and many valuable discoveries in this field were made. A particularly important experiment was the isolation of the enzyme complex from malt by Payen and Persoz in 1833. This extract, like malt itself, converts gelatinised starch into sugars, primarily into maltose, and was termed 'diastase'.

In 1876, William Kuhne proposed that the name "enzyme" be used as the new term to denote phenomena previously known as "unorganised ferments", that is, ferments isolated from the viable organisms in which they were formed. The word itself means ‘in yeast’ and is derived from the Greek ‘en’ meaning ‘in’, and ‘zyme’ meaning ‘yeast’ or ‘leaven’.

转氨酶又称氨基转移酶，因能催化氨基酸上的氨基转移到α-酮酸的酮基位置上，产生新的α-酮酸及新的α-氨基酸而得名。

根据作用的氨基酸和酮酸不同，可有多种转氨酶，其中以血清丙氨酸氨基转移酶（ALT）和天冬氨酸转氨酶（AST）比较重要。

正常时转氨酶主要存在于各组织细胞中，当组织病变、细胞坏死或通透性增加时，细胞内的酶可以大量释放出来，使血清中的酶的活力迅速提高。ALT作用于由丙氨酸及α-酮戊二酸组成的底物而生成丙酮酸及谷氨酸（图3-9）。

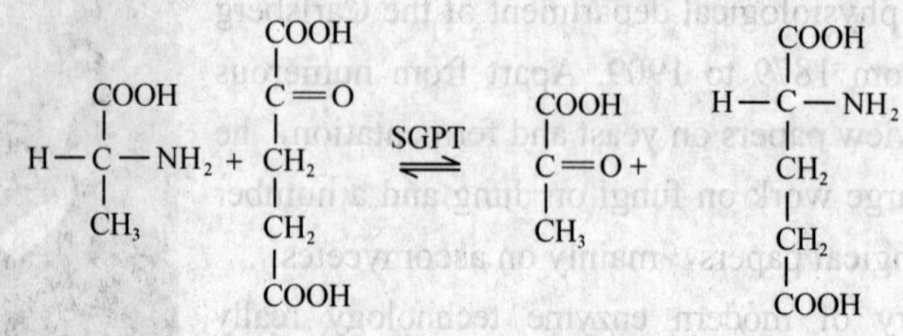

$$\underset{\text{丙氨酸}}{H-CH(COOH)(NH_2)-CH_3} + \underset{\alpha\text{-酮戊二酸}}{HOOC-CO-CH_2-CH_2-COOH} \overset{SGPT}{\rightleftharpoons} \underset{\text{丙酮酸}}{HOOC-CO-CH_3} + \underset{\text{谷氨酸}}{HOOC-CH(NH_2)-CH_2-CH_2-COOH}$$

图3-9

本实验以丙氨酸和α-酮戊二酸的混合液为底物，加入血清（含ALT）保温后，生成反应产物丙酮酸和谷氨酸，丙酮酸在强碱条件下与2,4-二硝基苯肼产生棕色反应，颜色愈深，光密度愈大，表示丙酮酸生成愈多，即ALT活性愈高。根据测得的光密度，查标准曲线（由一系列已知浓度的标准丙酮酸钠液，测得相应的光密度，绘制而成，方法附后）即可求得ALT活性单位。本方法规定，每100 ml血清在37℃，pH 7.4条件下作用于底物30 min生成丙酮酸1 μg分子为一个单位。正常血清中ALT活性在50单位以下，急性期、药物中毒性肝细胞坏死，ALT明显增高，肝癌、肝硬化、慢性肝炎、慢性肝炎梗塞ALT中度增高，阻塞性黄疸、胆管炎SGPT可轻度增高。

## 一、实验材料、器具和试剂

### （一）实验器材

1．试管及试管架。

2．刻度吸管。

3．恒温水浴箱。

4．722S型分光光度计。

5．待测血清。

6．方格坐标纸。

## （二）实验试剂

1．1/10 mol/L 磷酸盐缓冲液（pH 7.4）：称取 $K_2HPO_4$ 13.79 g，$KH_2PO_4$ 2.69 g，加水溶解，稀释至 1 000 ml，冰箱保存。

2．1 mol/L 氢氧化钠溶液。

3．0.4 mol/L 氢氧化钠溶液。

4．ALT 基质液（pH 7.4）：称取 D, L-丙氨酸 1.79 g，α-酮戊二酸 29.2 mg，先溶于 50 ml 磷酸盐缓冲液中，再以 1 mol/L 氢氧化钠溶液校正 pH 到 7.4，以磷酸盐缓冲液稀释至 100 ml 即成，冰箱保存。

5．2,4-二硝基苯肼溶液：称取 2,4-二硝基苯肼 20 mg，溶于 10 mol/L 盐酸溶液 10 ml 中，以蒸馏水稀释至 100 ml。

6．丙酮酸钠标准液：称取丙酮酸钠 11 mg，以少量磷酸盐缓冲液溶解后移入 100 ml 容量瓶，以磷酸盐缓冲液稀释至刻度。此溶液须用前新鲜配制。

# 二、实验步骤

取试管 2 支，标明，按表 3-3 步骤进行操作。

**表 3-3　ALT 活性单位测定的实验步骤**

| 试剂（ml） | 测定管 | 空白管 |
|---|---|---|
| 血清 | 0.1 | 0 |
| ALT 基质液（pH 7.4） | 0.5 | 0.5 |
| 混匀后保温 | 37℃ 30 min | |
| 血清 | 0 | 0.1 |
| 2,4-二硝基苯肼 | 0.5 | 0.5 |
| 混匀后保温 | 37℃ 20 min | |
| 0.4 mol/L NaOH | 5.0 | 5.0 |

混匀后，用 520 nm 波长，在分光光度计上以空白管调“0”，测出测定液的光密度，根据标准曲线，计算 100 ml 血清中 ALT 的活性单位。

**【附】**

标准曲线制备法取试管 5 支，编号，按表 3-4 操作。

**表 3-4　标准曲线制备法步骤**

| 试剂（ml） | 1 | 2 | 3 | 4 | 5 |
|---|---|---|---|---|---|
| 丙酮酸钠标准液 | 0 | 0.05 | 0.15 | 0.25 | 0.35 |
| ALT 基质液（pH 7.4） | 0.5 | 0.45 | 0.35 | 0.25 | 0.15 |

续表

| 试剂（ml） | 1 | 2 | 3 | 4 | 5 |
|---|---|---|---|---|---|
| pH 7.4 磷酸盐缓冲液 | 0.1 | 0.1 | 0.1 | 0.1 | 0.1 |
| 2，4-二硝基苯肼 | 0.5 | 0.5 | 0.5 | 0.5 | 0.5 |
| 37℃保温 | 20' | 20' | 20' | 20' | 20' |
| 0.4 mol/L NaOH | 5.0 | 5.0 | 5.0 | 5.0 | 5.0 |

混匀，以 1 号管为空白管，用 520 nm 波长比色，求得各管的光密度，以光密度为纵坐标，以丙酮酸钠含量为横坐标，绘制标准曲线。

**思考与讨论**

1. 转氨酶活性测定时的标准曲线为什么是抛物线？
2. 实验中进行了两次保温，说明两次保温的意义。
3. 第一次保温后空白管中也加了血清，两管中的血清为什么不一起加？
4. 血清谷丙转氨酶活性测定在临床上有何重要的意义？

# 实验六　碱性磷酸酶分离纯化及比活性测定

Alkaline phosphatase（ALP）is a hydrolase enzyme responsible for removing phosphate groups from many types of molecules，including nucleotides，proteins，and alkaloids. The process of removing the phosphate group is called dephosphorylation.

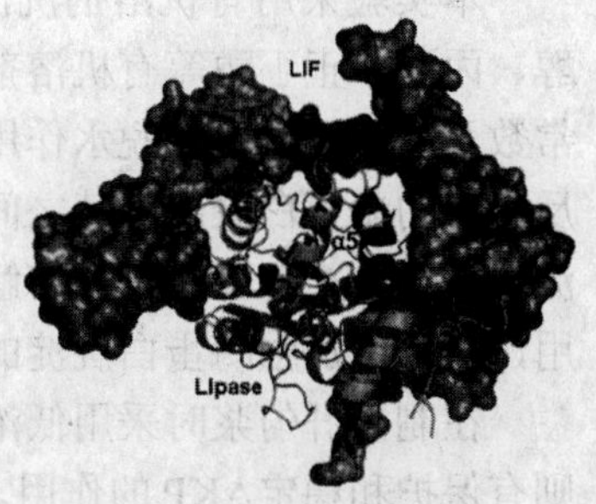

图 3-10

As the name suggests，alkaline phosphatases are most effective in an alkaline environment. Chemical reactions in living organisms occur rapidly at moderate temperaturesand under mild conditions primarily because of the catalytic action of specialized proteins called enzymes. Each step in a chain of biochemical reactions is usually catalyzed by a specific enzyme. The lack of even one enzyme can prove fatal.

The actual catalytic site of an enzyme molecule is a small area where the enzyme's component amino acids are arranged to precisely "fit" its substrate，which is the substance acted upon by the enzyme and changed to the product. The rate of an enzyme-catalyzed reaction depends partly on how well the enzyme and substrate fit together. Thus an environmental factor（such as pH or high temperature）which might change the shape of either enzyme or substrate could alter the rate of reaction. In addition the concentration of active enzyme and substrate molecules would be expected to have important effects on the rate.

The rate of an enzyme-catalyzed reaction may be measured by the disappearance of substrate，or the appearance of product. The enzyme and substrate are mixed and allowed to react for a certain time period; the amount of either the substrate or the product is then measured. This amount gives the rate of activity of the enzyme per unit of time. Alkaline phosphatase，the enzyme we will be studying this week，is important in recycling phosphate within living cells. It seems to be particularly prevalent in tissues which are transporting nutrients，including intestine and kidney. This enzyme catalyzes the cleavage of a phosphate group from a variety of compounds，including the "artificial" substrate used here，p-nitrophenyl phosphate. This substrate is colorless. However，one of the products，p-nitrophenol，is yellow in basic solutions. The appearance and intensity of yellow color thus indicates the degree to which the substrate has been acted upon by the enzyme.

碱性磷酸酶（ALP 或 AKP）是广泛分布于人体肝脏、骨骼、肠、肾和胎盘等组织，肝脏向胆外排出的一种酶。但它不是单一的酶，而是一组同工酶。

本实验采用有机溶剂沉淀法从肝或肾组织匀浆中提取分离 AKP。利用乙醇、丙酮、正丁醇等有机溶剂可以降低酶的溶解度，它是通过降低介质的介电常数及其对酶蛋白的脱水作用而实现的。由于降低了溶液的介电常数，带有相反电荷的酶蛋白表面残基之间的吸引力增加，导致酶蛋白凝集而易从溶液中沉淀出来。此类有机溶剂也溶解于水，与水分子结合，于是导致蛋白质的脱水作用，进一步加强酶蛋白沉淀的析出。

在制备肝匀浆时采用低浓度醋酸钠，可以达到低渗破膜的作用，而醋酸镁则有保护和稳定AKP的作用。匀浆液中加入正丁醇能使杂蛋白变性，再经过滤去除。含有 AKP 的滤液中再进一步用冷丙酮和冷乙醇进行分离纯化。根据 AKP 在终浓度 33%的丙酮或终浓度 30%的乙醇中是溶解的，而在终浓度 50%的丙酮或终浓度 60%的乙醇中是不溶解的性质，采用离心的方法重复分离提取，可使 AKP 得到部分纯化。

根据国际酶学委员会规定，酶的比活性用每毫克蛋白质具有的酶活性单位来表示，因此，计算样品中酶的比活性必须测定：每毫克样品中的蛋白质毫克数和每毫克样品中的酶活性单位数。

本实验测定 AKP 提取纯化过程各阶段的得率及比活性的提高倍数，其中 AKP 活性用磷酸苯二钠法测定；样品中的蛋白质含量用改良 Folin-phenol 法测定。

## 一、碱性磷酸酶的分离纯化

### （一）实验器材和试剂

1．实验器材

（1）721 分光光度计。

（2）台式离心机。

（3）恒温水浴箱。

（4）匀浆器。

2．实验试剂

（1）0.5 mol/L 醋酸镁溶液：称取醋酸镁 107.25 g 溶于蒸馏水中，稀释至 1 000 ml。

（2）0.1 mol/L 醋酸钠溶液：称取醋酸钠 8.2 g 溶于蒸馏水中，稀释至 1 000 ml。

（3）0.01 mol/L 醋酸镁——0.01 mol/L 醋酸钠溶液：称取 0.5 mol/L 醋酸镁 20 ml 及 0.1 mol/L 醋酸钠 10 ml，混合后加蒸馏水稀释至 1 000 ml。

（4）丙酮（分析纯）。

（5）95%乙醇（分析纯）。

（6）Tris 缓冲液（pH 8.8）：称取 Tris 12.1 g，用蒸馏水溶解成 1 000 ml，为 0.1 mol/L Tris 液，取 0.1 mol/L Tris 液 100 ml，加 0.5 M 醋酸镁 20 ml，和蒸馏水 800 ml，再用 1%醋酸调节 pH 至 8.8，然后用蒸馏水稀释至 1 000 ml。

### （二）实验步骤

1．称取 2 g 新鲜兔肝或 1 g 肾剪碎后，置于刻度离心管中，以下按每克组织操作，加入 0.01 mol/L 醋酸镁——0.01 mol/L 醋酸钠溶液 3 ml，在电动匀浆器上中速匀浆 3～4 min，或用组织捣碎 30 s，共 2 次，记录其体积。吸出 0.1 ml（A 液）置另一试管中，在此试管中加 1.9 ml pH 8.8 Tris 缓冲液稀释，待测比活性用。

2．加 1 ml 正丁醇于匀浆液中，用玻棒充分搅拌 2 min 左右，然后在室温中放置 20 min。到时间后用单层尼龙布过滤，滤液置于刻度离心管中。

3．滤液中加入等体积的冷丙酮，立即滤匀后离心（2 000 r/min）5 min，将上清液倒入回收瓶中，在沉淀中加入 0.5 mol/L 醋酸镁 2 ml，用玻棒充分搅拌使其溶解，同时记录悬液体积。此时吸取 0.1 ml（B 液）置于另一试管中，在此试管中加入 pH 8.8 Tris 缓冲液 1.9 ml，待测比活性用。

4．溶解的悬液中缓缓加入冷 95%乙醇，使乙醇最终浓度达 30%，混匀后立即离心（2 000 r/min）5 min，将上清液倒入另一离心管中，弃去沉淀。在上清液中加入冷 95%乙醇，使乙醇最终浓度达 60%，混匀后离心（2 500 r/min）5 min，上清液倒入另一回收瓶中，沉淀中加入 0.01 mol/L 醋酸镁——0.01 mol/L 醋酸钠 2 ml，充分搅拌，使其完全溶解。

5．重复上操作，在悬液中缓缓加入冷 95%乙醇，使乙醇最终浓度达 30%，混匀后离心（2 000 r/min）5 min，将上清液倒入另一离心管中，弃去沉淀。上清液中加入冷 95%乙醇，使乙醇最终浓度达 60%，混匀后离心（2 500 r/min）5 min，上清液倒入回收瓶中，沉淀中加入 0.5 mol/L 醋酸镁 1.5 ml 充分溶解，并记录体积。吸取 0.2 ml（C 液）置于另一试管中，加入 pH 8.8 Tris 缓冲液 1.8 ml，待测比活性用。

6．上述悬液中逐滴加入冷丙酮，使丙酮最终浓度达 33%，混匀后离心（2 000 r/min）5 min，弃去沉淀；上清液在另一刻度离心管中再缓缓加入冷丙酮，使丙酮最终浓度达 50%，混匀后离心（4 000 r/min）10 min，上清液倒入回流瓶中，沉淀物即为部分纯化的碱性磷酸酶。此沉淀中加入 pH 8.8 Tris 缓冲液 0.8 ml，待测比活性用，吸去 0.2 ml（D 液）置于另一试管中，加入 pH 8.8 Tris 缓冲液 0.8 ml，待测比活性用，吸去 0.2 ml 后，余下的上清液为 D 液，留着测蛋白质含量时用。

（1）加入有机溶剂计算公式：

设应加 x ml 95%乙醇，x＝原体积 × 浓度差/（溶剂浓度 – 最终浓度）

① 加至 30%浓度：

（原体积 V + x）× 30%＝95% × x

则 x ＝0.3V/（0.95 – 0.30）

② 从 30%加到 60%

（原体积 V + x）× 60% –（原体积 V × 30%）＝ 95% × x

则 x ＝（0.6 – 0.3）V/（0.95 – 0.60）

丙酮浓度计算与上相仿。

（2）注意事项

① 各步加入有机溶剂量的计算要准确，否则会影响整个实验结果。

② 加入有机溶剂混匀后不宜放置过久，应立即离心。

③ 凡弃去上清液中含有丙酮及乙醇者均需倒入回收瓶中。

## 二、碱性磷酸酶的比活性测定

### （一）实验材料、器具和试剂

1．基质液　称磷酸苯二钠 · $2H_2O$ 6 g，4-氨基安替比林 3 g，分别溶于煮沸冷却后的蒸馏水中。两液混合并稀释至 1 000 ml，加 4 ml 氯仿防腐，盛于棕色瓶中，冰箱内保存，可用一星期。临用时将此液与等量 0.1 M pH 10 碳酸盐缓冲液混合即可。

2．酚标准液（0.1 mg/ml）

（1）称取结晶粉 1.50 g 溶于 0.1 mol/L 盐酸至 1 000 ml，为储备。

（2）称取 0.8581 g 重铬酸钾，用蒸馏水溶解，并稀释至 250 ml 浓度即为 0.07 mol/L，做基准物。

（3）称取 12.5 g 硫代硫酸钠 · $5H_2O$，用煮沸后冷却的蒸馏水配成 500 ml，加约 0.2 g 碳酸钠，保存于棕色试瓶中，放置暗处，1 周后进行过滤，标定，其浓度大约为 0.1 mol/L。

（4）称取 6.5 g 碘和 10 g 碘化钾，混合后用少量蒸馏水溶解。再用蒸馏水稀释至 500 ml，保存于棕色试剂瓶，置暗处以待标定，其浓度约为 0.1 mol/L。

（5）采用间接碘量法，以重铬酸钾为基准物标定硫代硫酸钠溶液；再用标定过的硫代硫酸钠标定碘溶液。

（6）标准酚溶液的标定，取 25 ml 上述酚溶液，加 50 ml 0.1 mol/L 氢氧化钠溶液，在沸水浴中加热至65℃，再加入上述碘液25 ml，盖好放置30 min后，加浓盐酸5 ml，再加0.1%淀粉溶液1 ml为指示剂，用上述硫代硫酸钠滴定。3分子碘与1分子酚起作用，按此比例计算出每毫升酚溶液所含的酚量。应用时按上述结果用蒸馏水将酚溶液稀释至0.1 mg/ml。

3．0.5 mol/L 氢氧化钠。

4．0.3% 4-氨基安替比林。

5．0.5%铁氰化钾溶液　称取铁氰化钾5 g和硼酸15 g，各溶于400 ml蒸馏水中，溶解后两液混合，再加蒸馏水至1 000 ml，置棕色瓶中暗处保存。

## （二）实验步骤

1．样品AKP活性测定　取试管7支，编号，按表3-5操作。

**表3-5　样品AKP活性测定步骤**

| 试剂（ml） | | 1 | 2 | 3 | 4 | 5 | 6 | 7 |
|---|---|---|---|---|---|---|---|---|
| 0.04 mol/L 基质液 | | 1.0 | 1.0 | 1.0 | 1.0 | 1.0 | 1.0 | 1.0 |
| Tris 缓冲液 | | 0.9 | 0.9 | 0.9 | 0.9 | 0.9 | 0.9 | 1.0 |
| 酚标准液 | | - | - | - | - | - | 0.1 | - |
| 混匀，37℃水浴保温5 min | | | | | | | | |
| 样品液 | A | 0.1 | - | - | - | - | - | - |
| | B | - | 0.1 | - | - | - | - | - |
| | C | - | - | 0.1 | - | - | - | - |
| | D | - | - | - | 0.1 | - | - | - |
| | E | - | - | - | - | 0.1 | - | - |
| 混匀，立即计时，37℃准确保温15 min | | | | | | | | |
| 0.5 mol/LNaOH | | 1.0 | 1.0 | 1.0 | 1.0 | 1.0 | 1.0 | 1.0 |
| 0.3% 4-氨基安替比林 | | 1.0 | 1.0 | 1.0 | 1.0 | 1.0 | 1.0 | 1.0 |
| 0.5%铁氰化钾 | | 2.0 | 2.0 | 2.0 | 2.0 | 2.0 | 2.0 | 1.0 |

将各管充分混匀，在室温放置10 min，于波长510 nm处比色测定，以7号管为空白。

2. 计算每毫升酶液的酶活性单位　酶单位/ml＝ 酶液光密度/标准液光密度×酚标准液的浓度（mg/ml）× 1/0.1 × 稀释倍数。

总酶活性单位 ＝ 酶单位/ml × 样品ml数。

3．样品中蛋白质含量用Folin-酚法测定

（1）取样品液A稀释10倍。

（2）取试管 7 支，按表 3-6 操作。

**表 3-6　样品中蛋白质含量用 Folin-酚质测定步骤**

| 试剂（ml） | 1 | 2 | 3 | 4 | 5 | 6 | 7 |
|---|---|---|---|---|---|---|---|
| 待测样品 | 1.0 | 1.0 | 1.0 | 1.0 | 1.0 | - | - |
| 标准样品 | - | - | - | - | - | 1.0 | - |
| 0.9% NaCl | - | - | - | - | - | - | 1.0 |
| 碱性铜液 | - | - | - | - | - | - | - |
| 混匀后室温放置 20 min | | | | | | | |
| 酚试剂 | 0.5 | 0.5 | 0.5 | 0.5 | 0.5 | 0.5 | 0.5 |

立即混匀各管，放置 30 min 后，用空白管调“0”，在波长 650 nm 比色，分别读取各管光密度。

计算：样品蛋白质含量 = 测定管光密度/标准管×标准管蛋白质含量×稀释倍数。

（三）结果辨析

1．比活性的计算　AKP 的比活性 = 每毫升样品中 AKP 活性单位数/每毫升样品中蛋白质的毫克数。

2．纯化倍数的计算　纯化倍数 = 各阶段比活性/样品 A 的比活性。

3．得率计算　AKP 的总活性单位 = 样品 A 的比活性×肝匀浆毫升数。

各阶段碱性磷酸酶得率 = 各阶段酶的总活性单位/肝匀浆中酶的活性单位（由样品 A 推算）× 100%。

4．将实验结果填入下表 3-7 内，分析各提纯步骤的意义。

**表 3-7**

| 分离阶段 | 匀浆（A） | 第一次丙酮沉淀（B） | 第一次乙醇沉淀（C） | 第二次乙醇沉淀（D） | 第二次丙酮沉淀（E） |
|---|---|---|---|---|---|
| 总体积（ml） | | | | | |
| 蛋白质含量（mg/ml） | | | | | |
| 蛋白质总量（mg） | | | | | |
| 酶活性（单位/ml） | | | | | |
| 酶总活性（U） | | | | | |
| 比活性（U/mg 蛋白） | | | | | |
| 纯化倍数 | | | | | |
| 收得率（%） | | | | | |

### （四）注意事项

因为在室温下有机溶剂能使大多数酶失活，因此，要注意分离提纯实验必须在低温下进行。有机溶剂应预先冷却，加入有机溶剂时要慢慢滴加，并充分搅拌，避免局部浓度过高或放出大量的热，以致酶蛋白变性。有机溶剂法析出的沉淀一般容易在离心时沉降，因此可采用短时间的离心以分离沉淀，最好立即将沉淀溶于适量的冷水或缓冲液中，以避免酶活力的丧失。

另外，有机溶剂法进行分离时，除应注意 pH 值及蛋白质浓度外，溶液的离子强度也是一个重要因素，一般在离子强度为 0.05 或稍低时为好。

比活性是指单位重量蛋白质的样品中所含的酶活性单位。因此，随着酶被逐步纯化，其比活性也随之逐步升高，所以测定酶的比活性可以鉴定酶的纯化程度。

**思考与讨论**

1．操作过程中为什么要留取样品测酶的比活性？

2．随着酶的逐步纯化，样品中酶的总活性、蛋白质含量、酶的比活性发生怎样的变化？为什么？

3．应用有机溶剂分离纯化蛋白质时应注意哪些问题？

4．利用有机溶剂沉淀蛋白质时，有机溶剂为什么要预冷？

5．在酶的提取过程中为什么要测比活性？

6．在提取过程中加有机溶剂时要准确，否则会产生什么影响？

# 实验七　葡萄糖氧化酶法测定血清（浆）葡萄糖

Hsien Wu（1893—1959）was a biochemist of international renown and the father of biochemistry in China.

图 3-11

吴宪

Wu was born in Fuzhou, Fujian, China and trained at MIT（undergraduate）then at Harvard University（graduate）under Otto Folin. developing the first assay for blood sugar, then returned to China and a position at Peking Union Medical College, becoming head of the biochemistry department in 1924 at age 30. Wu's son, Ray J. Wu, became a well-respected professor at Cornell University, the Liberty Hyde Bailey Professor of Molecular Genetics and Biology, and has been active in studying transgenic plants, particularly rice.

In all his life, he wrote and published 163 scientific papers, as well as 3 books and made important contributions in 6 areas of research: Clinical Biochemistry, Gas and Electrolyte Equilibria, Denaturation of Protein, Nutrition, Immunochemistry and Metabolism of Amino Acids. He also did a lot for Chinese science in its early period. Besides, he was a man of multiple interests and hobbies. In him, the best of the Occidental and Oriental merged and achieved perfection.

葡萄糖氧化酶（glucose oxidase，GOD）利用氧和水将葡萄糖氧化为葡萄糖酸，并释放过氧化氢。过氧化物酶（peroxidase，POD）在色原性氧受体存在时将过氧化氢分解为水和氧，并使色原性氧受体4-氨基安替比林和酚去氢缩合为红色醌类化合物，即 Trinder 反应。红色醌类化合物的生成量与葡萄糖含量成正比。

## 一、实验材料、器具和试剂

### （一）实验器材

试管及试管架、吸量管、移液器、恒温水浴、722S 分光光度计。

### （二）实验试剂

1．0.1 mol/L 磷酸盐缓冲液（pH 7.0）称取无水磷酸氢二钠 8.67 g 及无水磷酸二氢钾 5.3 g 溶于蒸馏水 800 ml 中，用 1 mol/L 氢氧化钠（或 1 mol/L 盐酸）调 pH 至 7.0，用蒸馏水定容至 1 L。

2．酶试剂　称取过氧化物酶 1 200 U，葡萄糖氧化酶 1 200 U，4-氨基安替比林 10 mg，叠氮钠 100 mg，溶于磷酸盐缓冲液 80 ml 中，用 1 mol/L 氢氧化钠调 pH 至 7.0，用磷酸盐缓冲液定容至 100 ml，置 4℃保存，可稳定 3 个月。

3．酚溶液　称取重蒸馏酚 100 mg 溶于蒸馏水 100 ml 中，用棕色瓶贮存。

4．酶酚混合试剂　酶试剂及酚溶液等量混合，4℃可以存放 1 个月。

5．12 mmol/L 苯甲酸溶液　溶解苯甲酸 1.4 g 于蒸馏水约 800 ml 中，加温助溶，冷却后加蒸馏水定容至 1 L。

6．100 mmol/L 葡萄糖标准贮存液　称取已干燥恒重的无水葡萄糖 1.802 g，溶于 12 mmol/L 苯甲酸溶液约 70 ml 中，以 12 mmol/L 苯甲酸溶液定容至 100 ml。2 h 以后方可使用。

7．5 mmol/L 葡萄糖标准应用液　吸取葡萄糖标准贮存液 5.0 ml 放于 100 ml 容量瓶中，用 12 mmol/L 苯甲酸溶液稀释至刻度，混匀。

## 二、实验步骤

样品　新鲜无溶血血清、肝素抗凝血浆、EDTA 血浆。

取试管 3 支，按表 3-8 操作。

**表 3-8　葡萄糖氧化酶法测血糖操作步骤**

| 加入物（ml） | 空白管 | 标准管 | 测定管 |
| --- | --- | --- | --- |
| 样品 | 0 | 0 | 0.02 |
| 葡萄糖标准应用液 | 0 | 0.02 | 0 |
| 蒸馏水 | 0.02 | 0 | 0 |
| 酶酚混合试剂 | 3.0 | 3.0 | 3.0 |

混匀，置 37℃水浴中，保温 15 min，在波长 505 nm 处比色，以空白管调“0”，读取标准管及测定管吸光度。

## 三、结果计算

血清葡萄糖（mmol/L）= 测定管吸光度/标准管吸光度 × 5

### 思考与讨论

1．人体血糖来源、去路的途径有哪几条？何为血糖浓度的调节因素？

2．葡萄糖氧化酶法测定血清（浆）葡萄糖的优缺点有哪些？

3．何谓低血糖？成人空腹低血糖症的常见原因有哪些？

# 实验八　脂类的薄层层析

Thin-layer chromatography (TLC) is a chromatographic technique that is useful for separating organic compounds. Because of the simplicity and rapidity of TLC, it is often used to monitor the progress of organic reactions and to check the purity of products.

图 3-12　薄层层析

Thin-layer chromatography consists of a stationary phase immobilized on a glass or plastic plate and a solvent. The sample, either liquid or dissolved in a volatile solvent, is deposited as a spot on the stationary phase. The constituents of a sample can be identified by simultaneously running standards with the unknown. One edge of the plate is then placed in a solvent reservoir and the solvent moves up the plate by capillary action. When the solvent front reaches the other edge of the stationary phase, the plate is removed from the solvent reservoir. The separated spots are visualized with ultraviolet light or by placing the plate in iodine vapor.

The different components in the mixture move up the plate at different rates due to differences in their partioning behavior between the mobile liquid phase and the stationary phase.

薄层层析（简称 TLC）是在吸附层析基础上发展起来的。1938 年，Измайлов 等首先利用 TLC 鉴定了颠茄酊等 16 种植物制剂。1956 年，Stahl（1924～1986 年）等人完善了薄层层析技术，使其具有操作方便、设备简单、分辨率高等特点。现已广泛用于定性和定量分析、分离和制备等目的。其应用范围主要在生物化学、医药卫生、化学工业、农业生产、食品等领域。

薄层层析的作用原理同一般层析大致相同，它是将固定相支持物均匀地铺在玻片上成为薄层，然后把要分析的样品点到薄层的一端，用合适的溶剂展开而达到分离的目的。按照不同的样品和分离要求可选用适当的支持物，常用的支持物有硅胶 G、硅藻土、氧化铝 G、纤维素粉等。薄层层析的优点是需用时间短、分离迅速、用样量少、灵敏度高。

本实验用硅胶 G 为支持物，展开剂为石油醚-丁酮-乙酸的混合液。显色原理是利用过氯酸先与脂类中的不饱和键作用，生成醛类物质，使磷钼酸还原成钼蓝。

## 一、实验材料、器具和试剂

### （一）实验器材

天平、研钵、8 cm × 12 cm 玻片、烘箱、毛细管、展层缸。

### （二）实验试剂

1．试样　血清、菜油、卵黄的苯溶液。

2．展开剂　按体积比混合的石油醚（沸点 60～90℃）：丁酮：乙酸 = 95∶4∶1。

3．显示剂　5 g 磷钼酸溶于 70 ml 水和 25 ml 95%乙醇中，添加 70%过氯酸 5 ml，混匀，室温保存。

4．1 mg/ml 胆固醇标准液。

5．1 mg/ml 三油酸甘油酯标准液。

6．1 mg/ml 卵磷脂标准液。

7．1 mg/ml 油酸标准液。

## 二、实验步骤

### （一）层析薄板的制作

称取硅胶 G 1.5 g，置研钵中加入 5 ml 蒸馏水，研匀后迅速倒在玻片上，水平放置，分布均匀，待其凝固后，置 105℃烘箱中烘干备用。

### （二）点样

分别用毛细管吸取各种脂类的标准液及试样，在距层析薄板的一端 1.5 cm 处，取间距 1 cm 点样，记录各样品的排列位置，待溶剂蒸发后置盛有展开剂的展层缸中，点样一端起点以下浸在展开剂中。

### （三）层析

待展开剂上升至接近薄板上端时，将薄板取出烘干，喷以磷钼酸显示剂。比较各种脂类和试样所显斑点的位置，做图记录。并以标准液所显示的斑点为依据，确定样品中所含的脂类。

**思考与讨论**

1．本实验的目的是什么？

2．在制备层析薄板时，应注意哪些问题？

3．在展开过程中，要注意哪些什么事项？

# 实验九　酮体的生成和利用

Derek Williamson's scientific career spanned the 'Golden Age' of research into metabolic regulation，to which he made an important and sustained contribution. Derek joined Hans Krebs' laboratory at Sheffield University in 1946 and moved to Krebs' MRC Unit in Oxford in 1960. He elaborated an enzymic method for the determination of acetoa-cetate and 3-hydroxybutyrate，which opened up the field of ketone body metabolism and its regulation and became a Citation Classic. Another Citation Classic followed.

图 3-13
Derek Williamson

He moved with Krebs to the Metabolic Research Laboratory at the Radcliffe Infirmary in 1967, where he blossomed, formulating his ideas about the integrated regulation of metabolic pathways, particularly with regard to fatty acid oxidation，lipid synthesis and ketone body metabolism. His success was illustrated by more than 200 publications. Derek implanted and nurtured a sense of the excitement of scientific discovery in his colleagues and students，and he worked hard to provide a friendly，supportive and encouraging environment. Many lives have been enriched by the privilege of working with him.

在肝脏中，脂肪酸经 β 氧化生成乙酰辅酶 A 再缩合成酮体。酮体包括乙酰乙酸、β-羟丁酸和丙酮三种化合物。肝脏不能利用酮体，必须经血液运至肝外组织特别是肌肉和肾脏，再转变为乙酰铺酶 A 而被氧化利用。

本实验以丁酸为基质，与肝匀浆一起保温，然后测定肝匀浆中酮体生成量。另外，在有肝脏和肌肉组织共存情况下，再测定酮体的含量。在这两种不同条件下，由酮体含量的差别即可帮助我们理解以上的理论。本实验主要测定丙酮的含量。

酮体测定的原理，是根据在碱性溶液中将丙酮氧化成为碘仿。以硫代硫酸钠滴定剩余的碘，可以计算所消耗的碘，由此也就可以计算出酮体（以丙酮为代表）的含量。反应式如下：

$$CH_3COCH_3+3I_2+4NaOH \rightarrow CHI_3+CH_3COONa+3NaI+3H_2O$$

$$I_2+2Na_2S_2O_3 \rightarrow Na_2S_4O_6+2NaI$$

# 一、实验材料、器具和试剂

## （一）实验材料、器具

试管及试管架、锥形瓶、研钵、恒温水浴锅、滤纸。

## （二）实验试剂

1．0.1%淀粉溶液。

2．0.9%氯化钠溶液。

3．0.5 mol/L 丁酸溶液，取 5 ml 丁酸溶于 100 ml 0.5 mol/L 氢氧化钠溶液中。

4．15%三氯乙酸溶液。

5．10%氢氧化钠溶液。

6．10%盐酸溶液。

7．0.1 mol/L 碘溶液：称取 $I_2$ 12.5 g 和 KI 25 g，放入烧杯中，加水溶解，然后用 1 000 ml 容量瓶稀释至刻度。混匀，用标准 0.1 $Na_2S_2O_3$ 标定。

8．0.02 mol/L $Na_2S_2O_3$　称取 $Na_2S_2O_3 \cdot 5H_2O$ 24.82 g 和无水碳酸钠 400 mg 溶于 1 000 ml 刚煮沸而冷却蒸馏水中，配成 0.1 mol/L 溶液，用 0.1 mol/L $KIO_3$ 标定。

9．0.1 mol/L $KIO_3$ 溶液　准确称取 $KIO_3$（分子量：214.02）3.567 g 溶于水后，倒入 1 000 ml 容量瓶内，加蒸馏水至刻度。

吸取 0.1 mol/L $KIO_3$ 20 ml 于锥形瓶中，加入 KI 1 g 及 6 mol/L $H_2SO_4$ 5 ml，然后用上述 0.1 mol/L $NaS_2O_3$ 滴定至浅黄色，再加 1%淀粉 3 滴作指示剂，此时溶液呈蓝色，继续滴定至蓝色刚消失为止，计算 $Na_2S_2O_3$ 溶液的准确当量浓度。

临用时将已标定的 $Na_2S_2O_3$ 溶液稀释成 0.02 mol/L。

# 二、实验步骤

## （一）标本的制备

将大鼠重击头部致死，取出肝脏，用 0.9% NaCl 洗去污血，放滤纸上，吸去表面的水分，称取肝组织 5 g 置研钵中，加少许 0.9% NaCl 稀释至总体积为 10 ml。另外再取后腿肌肉（也可用肾脏）5 g，按上述方法和比例，制成肌组织匀浆，备用。

## （二）保温和沉淀蛋白质

取锥形瓶 3 支，编号，按表 3-9 操作。

**表 3-9　保温和沉淀蛋白质步骤**

| 试剂（ml）＼编　号 | A | B | C |
|---|---|---|---|
| 肝组织糜 | 0.0 | 2.0 | 2.0 |
| 预先煮沸的肝匀浆 | 2.0 | 0.0 | 0.0 |
| pH 7.6 磷酸盐缓冲液 | 4.0 | 4.0 | 4.0 |
| 正丁醇 | 2.0 | 2.0 | 2.0 |

续表

| 试剂（ml） \ 编号 | A | B | C |
|---|---|---|---|
| 43℃水浴保温 40 min | | | |
| 肌匀浆 | 0.0 | 0.0 | 4.0 |
| 预先煮沸的肌肉匀浆 | 4.0 | 4.0 | 0.0 |
| 43℃水浴保温 1 h | | | |
| 20%三氯醋酸 | 3.0 | 3.0 | 3.0 |

用滤纸过滤，将滤液分别收集在 3 支试管中。

### （三）酮体的测定

取锥形瓶 3 支，按上述编号顺序操作（表 3-10）。

**表 3-10　酮体的测定步骤**

| 试剂（ml） | 1（A） | 2（B） | 3（C） |
|---|---|---|---|
| 无蛋白滤液 | 5.0 | 5.0 | 5.0 |
| 0.1 N 碘液 | 3.0 | 3.0 | 3.0 |
| 10% NaOH | 3.0 | 3.0 | 3.0 |

摇匀，静置 10 min，各管加 10% HCl 3 ml，然后于每管加 0.1%淀粉液 2～3 滴呈蓝色，分别用 0.02 mol/L $Na_2S_2O_3$ 滴定至蓝色消退为滴定终点。计算 3 瓶酮体含量，并解释结果。

## 三、结果处理

肝脏生成丙酮含量（mmol/g）=（B – A）× $Na_2S_2O_3$ 的 N 数 × 1/6 × 3

肌肉利用丙酮含量（mmol /g）=（B – A – C）× $Na_2S_2O_3$ 的 N 数 × 1/6 × 3

A：滴定样品 1 所消耗的 0.02 mol/L　$Na_2S_2O_3$ ml 数

B：滴定样品 2 所消耗的 0.02 mol/L　$Na_2S_2O_3$ ml 数

C：滴定样品 3 所消耗的 0.02 mol/L　$Na_2S_2O_3$ ml 数

**思考与讨论**

1. 简述酮体的概念。
2. 肝酮体的生成有何生理意义？
3. 本实验加 15%三氯醋酸起何作用？
4. 已知肌组织不能产生酮体，但试管4 有时也产生较浅的紫红色，为什么？

# 实验十　血清脂蛋白琼脂糖凝胶电泳

Dr. Donald S. Fredrickson, internationally known authority on lipid metabolism and its disorders, became NIH director on July 1, 1975. His earliest research interests centered on the metabolism of sterols. Later he focused on the structure of the plasma lipoproteins, their importance in the transport of fats, and the genetic factors regulating their metabolism and concentration in blood. It was during this period that he discovered two new genetic disorders: Tangier disease (absence of high density lipoproteins) and cholesteryl ester storage disease, a lysosomal enzyme deficiency.

图 3-14
Donald S. Fredrickson

In 1965 he and his coworkers introduced a system for identifying and classifying blood-lipid abnormalities on the basis of plasma lipoprotein patterns. From this work came recognition of new monogenic causes of hyperlipidemia: type 3 and type 5 hyperlipoproteinemia and what is called familial hypertriglyceridemia. The system received prompt acceptance by the WHO and is now used widely by laboratories around the world.

Research findings of Dr. Fredrickson and colleagues have also included the discovery of several previously unknown apolipo-proteins, and new knowledge including descriptions concerning the structure and function of various apoproteins.

琼脂糖是经过挑选、以质地较纯的琼脂作为原料而制成的。琼脂在化学上是由琼脂糖和琼脂胶组成的复合物，为一种含硫酸根、带负电荷的多糖类物质，具有离子交换性质，这种性质对电泳及凝胶过滤具有不良影响。琼脂是直链多糖，它由D-半乳糖和3，6脱水L-半乳糖的残基交替排列组成。

琼脂糖主要通过氢键形成凝胶。电泳时，因为凝胶中含水量大（98%～99%），近似自由电泳，固体支持物的影响较少，故电泳速度快、区带整齐。而且由于琼脂糖不含带电荷的基团，电渗影响很小，是一种良好的电泳材料，分离效果较好。

血清中脂类物质均与载脂蛋白结合成水溶性脂蛋白形式存在。各种脂蛋白所含载脂蛋白的种类及数量不同，因而不同脂蛋白颗粒大小相差很大。因此，以琼脂糖凝胶为支持物，在电场中可使各种脂蛋白颗粒分开。

琼脂糖凝胶电泳分离血清脂蛋白方法简便。将血清脂蛋白用脂类染料苏丹黑（或油红等）进行预染，再将预染过的血清用滤纸插条法（或其他方法）置于琼脂糖凝胶板上进行分离。通电后，可以看到脂蛋白被分成三条区带，从负极到正极依次为 β 脂蛋白（最深）、前 β 脂蛋白（最浅）及 α 脂蛋白（比前 β 脂蛋白略深），在原点处应无乳糜微粒。

## 一、实验材料、器具和试剂

### （一）实验器材

1. 电泳仪、电泳槽。
2. 76 mm × 26 mm 载玻片。
3. 台式离心机。
4. 水浴锅。
5. 15 mm 宽刀片。
6. 镊子及剪刀。

### （二）实验试剂

1. 苏丹黑染色液　将苏丹黑 B 加到无水乙醇中至饱和，振荡使其乙基化，用前过滤。

2. 巴比妥缓冲液　称取巴比妥钠 15.4 g，巴比妥 2.76 g 及 EDTA 0.29 g，加水溶解后，再加蒸馏水定溶至 1 000 ml（pH 为 8.6，离子强度为 0.075），作为电极缓冲液。

3. 凝胶缓冲液：称取三羟甲基甲烷（Tris）1.212 g，EDTA 0.29 g 及 NaCl 5.85 g，用蒸馏水溶解后，稀释至 1 000 ml，调 pH 至 8.6。

4. 琼脂糖凝胶：称取琼脂糖 0.50 g 溶于 50 ml 凝胶缓冲液中，再加水 50 ml，在水浴中加热至沸，待琼脂糖完全溶解后，立即停止加热。

## 二、实验步骤

### （一）预染血清

血清 0.2 ml 中加苏丹黑染色液 0.02 ml，混合置 37℃水浴中染色 30 min，离心（2 000 r/min）5 min。然后剪一细滤纸条，长 15 mm，宽 1～2 mm，放入染过色的血清中预染。

### （二）制备琼脂糖凝胶板

将已配制好的 0.50%琼脂糖凝胶于水浴中加热融化，用吸管吸取约 3ml 凝胶溶液浇注在载玻片上，静置 0.5 h 待其凝固（天热时需延长，也可放入冰箱内数分钟以加速凝固）。

（三）插滤纸法

在已凝固的琼脂糖凝胶距一端 2 cm 处，用宽约 15 mm 的刀片垂直切入凝胶板，用滤纸吸去水份，然后将预染的血清滤纸条插入凝胶板的切口处。

（四）电泳

将凝胶板平行放入电泳槽中，样品端置负极。用 4 层滤纸于巴比妥缓冲液浸湿，然后轻轻盖贴在凝胶板两端，滤纸的另一端则浸于电泳槽内的巴比妥缓冲液中。接通电源，电压为 120～130 V，每片凝胶板电流为 3～4 mA。经电泳 35～50 min，即可见到分离的区带。

（五）如果需要保留电泳图谱，可将电泳后的凝胶板放入干胶机中制成干胶片

若无干胶机，可用玻璃纸包好凝胶板（连同载玻片），其上平铺多层吸水滤纸，滤纸上再压上书等重物，吸干凝胶中的水分。也可将凝胶板先放入清水中浸泡脱盐 2 h，然后放烘箱（80℃左右）中烘干，但应随时注意温度的变化以及凝胶的脱水程度，以避免凝胶在脱水过程中龟裂。

（六）注意事项

1．预染血清与温度有关，低温着色慢，高温着色快，37℃较为适宜。

2．浇注琼脂糖凝胶板要尽量使厚薄均一，否则会影响脂蛋白的分离效果。

3．将凝胶板放入电泳槽中，应切记与电力线平行、样品端置负极、搭桥滤纸不能搭在样品上。

4．制备干胶时，要严格控制脱水的温度和速度，避免脱水时温度过高、速度太快引起凝胶收缩龟裂。

## 思考与讨论

1．琼脂糖凝胶电泳有哪些操作要点？

2．电泳之后琼脂糖凝胶板如果用溴酚蓝染色，将出现何种情况？

3．为什么正常人血清脂蛋白电泳时见不到乳糜微粒区带？

4．琼脂糖凝胶有哪些注意事项？

# 第四部分 分子生物学实验

## 实验一 感受态细胞的制备（化学法）和转化

Stanley N. Cohen（1935～），M.D. Professor in Stanford University.

The method for preparation and transformation of competent *E. coli* using calcium chloride was first described in 1970 by M.Mandel and A.Higa. In 1972，with minor modifications，it's showed to be successful for transformation with plasmid DNA by S.N.Cohen. This protocol，developed more than 30 years ago，is used to prepare batches of competent bacteria that yield $5\times10^{6}$ to $2\times10^{7}$ transformed colonies/μg of supercoiled plasmid DNA.

图 4-1
Stanley N. Cohen

转化（transformation）是将外源 DNA 分子引入受体细胞，使之获得新的遗传性状的过程。将重组 DNA 分子导入合适的宿主细胞（真核或原核细胞）后才能进行复制、增殖和表达。用于分子克隆技术中的受体细胞为大肠杆菌 K-12 的衍生菌株（DH5α 等）。大肠杆菌的转化常用化学法（$CaCl_2$ 法），该法由夏威夷大学的 M.Mandel 和 A.Higa 于 1970 年首先报道。1972 年，S.N.Cohen 等人以其为基础证明，经氯化钙处理的大肠杆菌细胞是质粒 DNA 良好的转化受体。其原理是将大肠杆菌处于 0℃，$CaCl_2$的低渗溶液中，细菌细胞膨胀成球形，转化混合物中的 DNA 分子形成一种粘着于细胞表面上对 DNA 酶抗性的羟基-钙磷酸复合物。转移至 42℃下做短时间热激处理时，这种复合物会被细胞所吸收。细菌处于易于吸收外源 DNA 的状态叫感受态（Competent cells）。用理化方法（如电击法、化学法等）均可诱导细菌进入感受态。目前较常用的感受态细胞制备方法是 $CaCl_2$ 法。该方法简便易行，且其转化效率完全可以满足一般实验的要求，制备出的感受态细胞暂时不用时，可加入占总体积 15%的无菌甘油于−70℃保存，因此 $CaCl_2$ 法应用极为广泛。本实验使用化学法（$CaCl_2$）处理处于对数生长期的 DH5α 细胞，使其对外源 DNA 的通透性增加，以达到将外源 DNA 分子导入细菌中的目的。

## 一、实验材料、器具和试剂

### （一）实验材料

*E. coli* DH5α 菌株，质粒 DNA（$Amp^r$）。

### （二）实验器具

高压灭菌锅、恒温摇床、电热恒温培养箱、台式高速离心机、超净工作台、低温冰箱、恒温水浴锅、电子天平、制冰机、分光光度计、微量移液器、eppendorf 管。

### （三）实验试剂

1．LB 培养基 配制每升培养基，应在 950 ml 无离子水中加入胰蛋白胨 10 g，酵母提取物 5 g，氯化钠 10 g，摇动容器直至溶解，用 5 mol/L NaOH（约 0.2 ml）调节 pH 值至 7.0，加入无离子水至总体积为 1 L，高压灭菌 20 min。

2．含 Amp 的 LB 固体培养基 LB 液体培养基中每升中加入 12 g 琼脂粉，高压灭菌后冷却至 60℃左右，加入氨苄青霉素储存液，使终浓度为 50 μg/ml，摇匀后铺板。

3．0.05 mol/L $CaCl_2$ 溶液 称取 0.56 g $CaCl_2$（无水，分析纯）溶于 50 ml 双蒸水中，定容至 100 ml，高压灭菌。

4．含 15%甘油的 0.05 mol/L $CaCl_2$：称取 0.56 g $CaCl_2$（无水，分析纯）溶于 50 ml 双蒸水中，加入 15 ml 甘油，定容至 100 ml，高压灭菌。

## 二、实验步骤

### （一）受体菌的培养

1．将 DH5α 菌种在 LB 琼脂培养平板（无抗性）上画线，37℃培养 12～16 h。

2．从平板上挑取 1 个单菌落，移入含 2 ml LB 的试管中，在 37℃条件下，以 220 rpm 的速度振荡培养 12～16 h。

3．将 2 ml LB 培养物转移到含 50 ml LB 培养基的三角瓶中，37℃培养 2～3 h，使其 $OD_{600}$ 值在 0.3～0.6 之间（即细胞处于对数生长期）。

4．将培养物于冰上放置 10 min，离心（3 000～4 000 rpm，4℃）10 min，收集菌体。

5．弃上清，在沉淀中加入 10 ml 预冷的 0.05 mmol/L $CaCl_2$ 悬浮菌体，在冰上放置 40～60 min。

6．离心（3 000～4 000 rpm，4℃）10 min，回收细菌。

7．弃上清，加入 4 ml 预冷的含 15%甘油的 0.05 mol/L 的 $CaCl_2$ 溶液，轻轻悬浮细胞，冰上放置几分钟，即成感受态细胞悬液。

8．感受态细胞于 48 h 内使用，或将已制备好的感受态细胞按 200 μl 每管分装在预冷的离心管中冻存于–70℃。

（二）转化

1．从–70℃冰箱中取 200 μl 感受态细胞悬液，室温下使其解冻，解冻后立即置冰上。

2．加入质粒 DNA（$Amp^r$）溶液（含量不超过 50 ng，体积不超过 10 μl），轻轻摇匀，冰上放置 30 min。

3．将管于 42℃水浴中静置 90 s，热激后迅速将管置于冰上冷却 3～5 min。

4．向管中加入 1 ml LB 液体培养基（不含 Amp），混匀后 37℃振荡培养 1 h，使细菌恢复正常生长状态，并表达质粒编码的抗生素抗性基因（$Amp^r$）。

5．将上述菌液摇匀后取 100 μl 涂布于含 Amp 的筛选平板上，正面向上放置 0.5 h，待菌液完全被培养基吸收后倒置培养皿，37℃培养 12～16 h 后可出现菌落（图 4-2）。

同时做两个对照：

对照组 1：以同体积的无菌双蒸水代替质粒 DNA 溶液，其他操作与上面相同。此组正常情况下在含抗生素的 LB 平板上应没有菌落出现。

对照组 2：以同体积的无菌双蒸水代替质粒 DNA 溶液，涂布时只取 5 μl 菌液涂布于不含抗生素的 LB 平板上，此组正常情况下应产生大量菌落。

注意事项：

（1）新制备的感受态细胞 48 h 后转化效率降低，15 天后失效。因此，感受态细胞不能保存太久，4℃保存 1 周，但–70℃可保存 1 年。用试管分装可避免反复冻融。

（2）在制备感受态细菌的过程中均使用不含抗生素的 LB。在使用感受态菌的过程中热休克后的 37℃培养时也必须使用无抗生素的 LB，即便转入的质粒是有抗性的。

（3）为了安全和健康，请穿实验服并戴一次性手套操作。

（4）主要的转化操作都是无菌操作，并且在冰上进行。

（5）使用的器皿一定要清洗干净，因为微量的去污剂或其他化学物质的存在可能大大降低细菌的转化效率。

## 三、结果辨析

### （一）计算转化率

1．统计每个培养皿中的菌落数。

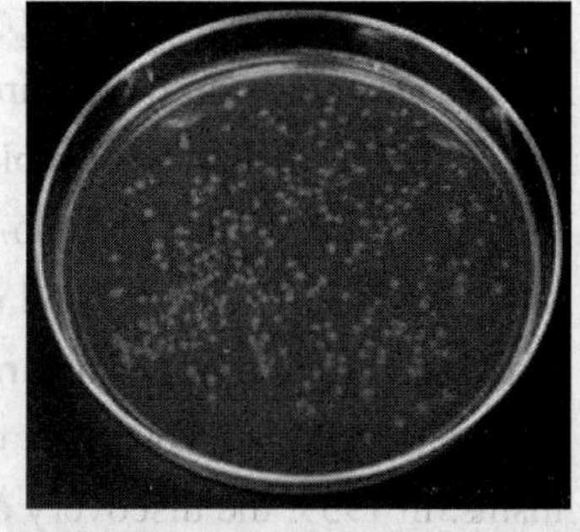

图 4-2　转化后形成的菌落

转化后在含抗生素的平板上长出的菌落即为转化子，根据此皿中的菌落数可计算出转化子总数和转化频率，公式如下：

转化子总数＝菌落数×稀释倍数×转化反应原液总体积/涂板菌液体积

2．转化频率（转化子数/每 mg 质粒 DNA）＝转化子总数/质粒 DNA 加入量（mg）

3．感受态细胞总数＝对照组 2 菌落数×稀释倍数×菌液总体积/涂板菌液体积

4．感受态细胞转化效率＝转化子总数/感受态细胞总数

### （二）注意事项

本实验方法也适用于其他 *E.coli* 受体菌株的不同的质粒 DNA 的转化。但它们的转化效率并不一定一样。有的转化效率高，需将转化液进行多梯度稀释涂板才能得到单菌落平板；有的转化效率低，涂板时必须将菌液浓缩（如离心），才能较准确地计算转化率。

### 思考与讨论

1．感受态细胞制备的原理是什么？

2．外源基因可以通过什么途径导入受体细胞？

3．进行该实验应重点注意哪些问题？

4．可提高转化效率的因素有哪些？

# 实验二　质粒 DNA 的提取

A plasmid is an extra chromosomal DNA molecule separate from the chromosomal DNA which is capable of replicating independently of the chromo-somal DNA. In many cases, it is circular and double-stranded. Plasmids usually occur naturally in bacteria, but are sometimes found in eukaryotic organisms. In 1959, the discovery of plasmids，it's a crucial discovery for the development of genetic engineering. By the experiment，the scientists confirmed that the bacterium's bio-resistance are usually depended on this kind of small extra chromosome. During the derelopment of the DNA combination technology，plasmids play an importrant role. Using the alkaline denaturation to extract the plasmids DNA from the *E.coli* is the most widely used method.

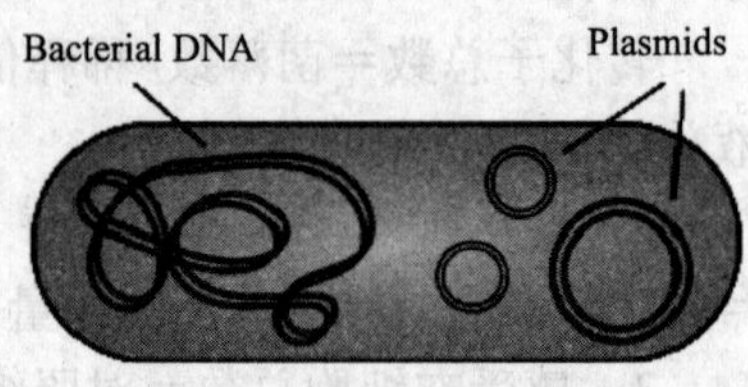

图 4-3

质粒（plasmid）是一种除染色体外、具有双链闭合环状结构的 DNA 分子，大小从 1～200 Kb 不等，主要发现于细菌、放线菌和真菌细胞中。质粒具有自主复制能力，能使子代细胞保持它们恒定的拷贝数，可表达它携带的遗传信息。质粒通常含有编码某些酶的基因，其表型包括对抗生素的抗性、产生某些抗生素、降解复杂有机物、产生大肠杆菌素和肠毒素及某些限制性内切酶与修饰酶等。目前，质粒已广泛地用作基因工程中目的基因的运载工具——载体（vector）。从大肠杆菌中提取质粒 DNA 是一种分子生物学最基本的方法。质粒 DNA 的提取是依据质粒 DNA 分子较染色体 DNA 小，且具有超螺旋共价闭合环状的特点，从而将质粒 DNA 与大肠杆菌染色体 DNA 分离。分离质粒 DNA 的方法一般包括三个基本步骤：培养细菌使质粒扩增；收集和裂解细菌；分离和纯化质粒 DNA。普遍采用的碱变性法具有操作简便、快速、得率高的优点，其主要原理是利用染色体 DNA 与质粒 DNA 的变性与复性的差异而达到分离目的。当用氢氧化钠和十二烷基硫酸钠（SDS）处理时，菌体裂解，线性染色体 DNA 变性，而质粒的共价闭合环状 DNA（colvalent closed circular DNA，cccDNA）的两条链不会相互分开。当加入中和液使外界条件恢复正常时，线性染色体 DNA 片段难以复性，与变性的蛋白质和细胞碎片缠绕在一起而沉淀，而质粒 DNA 双链又恢复原状，重新形成天然的超螺旋分子，并以溶解状态存在于液相中。经过苯酚、氯仿抽提，RNA 酶消化和乙醇沉淀等简单步骤去除多余的蛋白质和RNA，所得纯化质粒 DNA 可满足细菌转化、酶切等要求。本实验介绍碱法提取少量质粒 DNA。

## 一、实验材料、器具和试剂

### （一）实验材料

含有质粒 DNA（Amp[r]）的 DH 5α 菌株、标准 DNA Marker。

### （二）实验器具

1.5 ml eppendorf 管、微量移液器、培养皿、试管、恒温振荡培养箱、台式高速离心机、高压灭菌锅、超净工作台、电子天平、琼脂糖凝胶电泳系统。

### （三）实验试剂

所有的试剂均需高压灭菌（有机溶剂除外）。

1．溶液Ⅰ　50 mmol/L 葡萄糖，25 mmol/L Tris-Cl（pH 8.0），10 mmol/LEDTA（pH 8.0）。

2．溶液Ⅱ　0.2 mol/L NaOH（临用前用 10 mol/L 贮存液现用现稀释），1% SDS。

3．溶液Ⅲ　5 mol/ L 乙酸钾 60 ml，冰乙酸 11.5 ml，无离子水 28.5 ml，pH 5.2。所配成的溶液中钾离子的浓度是 3 mol/L，乙酸根的浓度是 5 mol/L。

4．RNase A　将 RNase A 溶于 10 mmol/L Tris-Cl（pH7.5），15 mmol/L NaCl 中，配成 10 mg/ml 溶液，于 100℃加热 15 min 使混有的 DNA 酶失活。冷却后分装成小份保存于–20℃。

5．TE 缓冲液　10 mM Tris-Cl，0.1 mM EDTA（pH 8.0）。

6．Tris-Cl（pH 8.0）饱和酚。

7．氯仿/异戊醇（v/v）：24/1。

8．无水乙醇。

9．70%乙醇。

10．3 mol/L NaAc（pH 5.2）　50 ml 无离子水中溶解 40.81 g NaAc・$3H_2O$，用冰醋酸调 pH 至 5.2，加水定容至 100 ml，高压灭菌，4℃保存。

11．LB/Amp　蛋白胨 10 g，酵母粉 5 g，NaCl 10 g 溶于 950 ml 无离子水，用 5 mol/L NaOH（约 0.2 ml）调节 pH 值至 7.0，加蒸馏水至总体积为 1 L，高压灭菌 20 min，冷却至 60℃时加入氨苄青霉素，终浓度为 50 μg/ml。

12．含 Amp 的 LB 固体培养基　LB 液体培养基中每升加 12 g 琼脂粉，高压灭菌后冷却至 60℃左右，加入 Amp 储存液，使终浓度为 50 μg/ml，摇匀后铺板。

## 二、实验步骤

### （一）受体菌培养

1. 将含有质粒的 DH 5α 菌种接种在 LB 固体培养基氨苄抗性平板上，37℃培养 12～24 h。挑取单菌落接种到 5 ml 氨苄抗性 LB 液体培养基中 37℃振荡培养 12 h，至细菌对数生长后期。

2. 取 1.5 ml 过夜培养菌液倒入 1.5 ml 离心管中，12 000 rpm 离心 1 min。

3. 弃上清，菌体沉淀重悬于 150 μl 溶液 I（需剧烈振荡），室温放置 5～10 min。

### （二）质粒的提取

1. 加入新配制的 250 μl 溶液 II，快速温和颠倒混匀后，置冰浴 5 min。

2. 加入 200 μl 冰预冷的溶液 III，轻翻数次混匀，冰浴 5～10 min，4℃下 12 000 rpm 离心 10 min。

3. 取上清至新管，加入等体积酚氯仿抽提液（酚：氯仿：异戊醇＝25：24：1），振荡混匀，4℃下 12 000 rpm 离心 5 min。

4. 将上层水相转管，加入 2 倍体积的冷无水乙醇，1/10 体积 3 mol/L NaAc（pH5.2），混匀后置于–20℃冰箱中 30 min 以沉淀 DNA，4℃下 12 000 rpm 离心 10 min。

5. 用 1 ml 70%乙醇洗涤沉淀 1 次，4℃下 12 000 rpm 离心 5～10 min，室温干燥 DNA。

6. 将沉淀溶于适当体积的 TE 溶液（若进行酶切则溶于双蒸水），加 RNase A 至终浓度为 20 μg/ml，37℃处理 30 min，保存于–20℃待用。

7. 经适当浓度琼脂糖凝胶电泳检测质粒 DNA 提取结果。

## 三、结果辨析

在细菌细胞内，共价闭环质粒以超螺旋形式存在。在提取质粒过程中，除了超螺旋 DNA 外，还会产生其他形式的质粒 DNA。如果质粒 DNA 两条链中有一条链发生一处或多处断裂，消除分子内张力，形成松弛型的环状分子，称为开环 DNA（open circular DNA，ocDNA）；如果质粒 DNA 的两条链在同一处断裂，则形成线性 DNA（liner DNA）。所提取的质粒 DNA 可用适当浓度的琼脂糖凝胶电泳进行检测。电泳结果可能为单一条带，也可能为 2～3 条 DNA 条带，这主要与提取物培养时间长短、提取时操作剧烈程度等有关。在琼脂糖中加入溴化乙锭，在紫外照射下 DNA 电泳条带呈桔红色。在泳道中超螺旋 DNA

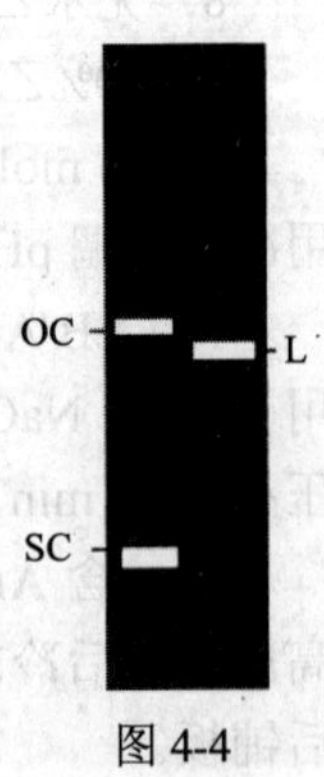

图 4-4

会走在凝胶的最前沿，开环 DNA 位于凝胶的最后边，线性 DNA 分子位于两者之间。通过与标准 DNA Marker 相比较可确定提取质粒 DNA 的大小和浓度。此外，还可用紫外分光光度法检测所提取的 DNA 浓度与纯度。$OD_{260}$ 值为 1 相当于约 50 μg/ml 双链 DNA，40 μg/ml 单链 DNA（或 RNA），或 20 μg/ml 寡核苷酸。一般 DNA 的纯品 $OD_{260}/OD_{280}$ 比值应为 1.8（＞1.9，表明有 RNA 污染；＜1.6，表明有蛋白质、酚等污染）。通过计算可确定 DNA 浓度：dsDNA = 50×（$OD_{260}$）× 稀释倍数（注：浓度单位为 μg/ml）。

**思考与讨论**

1．溶液Ⅰ、溶液Ⅱ、溶液Ⅲ的作用分别是什么？

2．溶液 II 为何需要新鲜配制？

3．加入酚氯仿的作用？

4．影响所提取质粒浓度的因素有哪些？

# 实验三　DNA 琼脂糖凝胶电泳

早期的电泳技术是由瑞典 Uppsala 大学物理化学系 Svedberg 教授提出的。在溶液中，带电粒子在外加电场的作用下，向与其电性相反电极方向移动的现象，称为电泳（electrophoresis，EP）。电泳时不同的带电粒子在同一电场中泳动速度不同。1937 年，瑞典科学家 Arne Tiselius 教授发明了最早期的界面电泳（moving boundary EP），用于蛋白质分离的研究，开创了电泳技术的新纪元。目前，电泳技术已被广泛应用于蛋白质、核酸和氨基酸等物质的分离和鉴定。

琼脂糖（agarose）主要在 DNA 电泳中作为一种固体支持基质。它是一种直链多糖，由 D-半乳糖和 3,6-脱水-L-半乳糖残基通过 α（1→3）和 β（1→4）糖苷键交替排列构成。电泳时因凝胶含水量大（98%～99%），近似自由电泳，固体支持物的影响较少，故电泳速度快，区带整齐。而且由于琼脂糖不含带电荷的基团，电渗影响很少，是一种较好的电泳材料，分离效果较好。在实验室中多用琼脂糖水平平板凝胶电泳装置进行分离、鉴定核酸。目前，分离 DNA 常用的琼脂糖凝胶浓度为 1%左右。

在 pH 值为 8.0～8.3 时，DNA 分子碱基几乎不解离，磷酸全部解离，核酸分子带负电，在电场中向正极移动。采用适当浓度的凝胶介质作为支持物，在分子筛的作用下，由于 DNA 分子量的差别，电泳后呈现迁移位置的差异，从而达到分离核酸片段，检测其大小的目的。DNA 分子中嵌入荧光染料（如溴化乙锭）后，在紫外灯下观察可见桔红色荧光，从而可判断其在凝胶中所在位置（表 4-1）。

**表 4-1　分离大小不同 DNA 片段的适合琼脂糖凝胶浓度**

| 琼脂糖凝胶浓度（%） | 线性 DNA 有效分离范围（kb） |
|---|---|
| 0.3 | 5～60 |
| 0.5 | 1～30 |
| 0.6 | 1～20 |
| 0.7 | 0.8～12 |
| 1.0 | 0.5～10 |
| 1.2 | 0.4～6 |
| 1.5 | 0.2～4 |
| 2.0 | 0.1～3 |

## 一、实验材料、器具和试剂

### （一）实验材料

待测 DNA 样品、标准 DNA Marker。

### （二）实验器具

琼脂糖凝胶电泳设备、紫外透射箱或凝胶成像分析仪、微波炉或电炉、电子天平、微量移液器、橡皮膏、乳胶手套。

### （三）实验试剂

1．TAE 缓冲液（50×）（pH 8.0）　每升溶液中含有 242 g Tris，57.1 ml 冰乙酸，100 ml 0.5 mol/L EDTA（pH 8.0）。室温保存。电泳时稀释成 1×使用。

2．琼脂糖粉末。

3．6×上样缓冲液　0.25%溴酚蓝，40%（w/v）蔗糖水溶液，4℃保存。

4．溴化乙锭（EB）　用水配制成 10 mg/ml 的溶液，用铝箔或黑纸包裹容器，室温保存。

5．注意事项

溴化乙锭是一种强致癌物。配制和使用此染料的溶液时必须戴手套。EB 为强诱变剂，废液需经处理才能丢弃。可将 EB 溶液用水稀释至浓度低于 0.5 μg/ml，加入 1 倍体积的 0.5 mol/L $KMnO_4$，混匀，再加入等量的 2.5 mol/L HCl，混匀，置室温数小时，再加入 1 倍体积的 2.5 mol/L NaOH，混匀并废弃。废 EB 接触物，如枪头，回收至黑色玻璃瓶中，定期进行焚烧处理。加入凝胶中的 EB 量如果小于 0.1%可以直接扔掉。如果凝胶发红，即大于等于 0.1%时应该放在生物危害柜中焚烧掉。

## 二、实验步骤

### （一）根据待测 DNA 样品配制适宜浓度的琼脂糖凝胶

称取适量的琼脂糖粉末，放入锥形瓶中，加入适当体积 1 × TAE 缓冲液，用微波炉或电炉加热至琼脂糖完全融化。冷却至 60℃左右，加入 10 mg/ml 溴化乙锭溶液至 EB 终浓度为 0.5 μg/ml，混合均匀（也可不把 EB 加入到凝胶中，可在电泳后用 0.5 μg/ml 的 EB 溶液浸泡染色）。

### （二）胶板的制备

1．用隔板或橡皮膏将制胶盘的两端边缘封闭好。

2．将制胶盘放在水平处，放好样品梳子（注意梳子齿下缘应与制胶盘保持 0.5～1 mm 左右的间隙）。

3．将冷却到 60℃左右的琼脂糖凝胶缓慢倒入制胶盘中，注意不要产生气泡，使胶液形成均匀的胶层。胶厚度为 3～5 mm。

4．室温下 30～40 min 待琼脂糖完全凝固，轻轻拔出梳子，取下隔板或密封胶布，将制胶盘放入电泳槽内（注意：点样孔的方向靠近负极）。

5．向电泳槽中加入 1 × TAE 缓冲液至液面恰好没过凝胶上表面约 1 mm。

（三）加样

在样品中加入适量的 6×上样缓冲液，混合均匀，使上样缓冲液的终浓度为 1×。用微量移液器将已加入上样缓冲液的样品加入点样孔中。加样量不可超过点样孔容量。

（四）电泳

接通电泳槽与电泳仪的电源（注意 DNA 片段是从负极向正极移动）。DNA 的迁移速度与电压成正比。最高电压不超过 5 V/cm。当溴酚蓝染料移动到距凝胶前沿约 1 cm 处时，停止电泳。

（五）染色

未加入 EB 的胶板在电泳完毕后用 0.5 μg/ml 的 EB 溶液浸泡染色，室温下 20～25 min。

（六）观察实验结果

在紫外线灯（360 nm 或 254 nm）下观察电泳结果，可见 DNA 处显出桔红色荧光条带，与标准 DNA Marker 相比较。

## 三、结果辨析

影响 DNA 分子在电泳中的迁移率的因素包括以下几方面。

（一）DNA 分子大小

DNA 分子（小于 20 kb）在一定浓度琼脂糖凝胶中的迁移率与 DNA 分子量对数成反比，分子越大所受阻力越大，迁移越慢。

（二）琼脂糖浓度

给定大小的 DNA 分子，其迁移速度在不同浓度的琼脂糖凝胶中各不相同。DNA 电泳迁移率的对数与凝胶浓度成线性关系。凝胶浓度的选择取决于 DNA 分子的大小。

（三）DNA 分子的构象

对于质粒 DNA 来说，相同分子量的线状、开环和超螺旋 DNA 在给定浓度琼脂糖凝胶中移动速度不同。超螺旋 DNA 移动最快，开环双链环状 DNA 移动最慢。

（四）电源电压

在低电压时，线状 DNA 片段的迁移速率与所加电压成正比。随着电场强度的增加，不同分子量的 DNA 片段的迁移率将以不同的幅度增长。片段越大，因场强升高引起的迁移率升高幅度也越大，因此电压增加，琼脂糖凝胶的有效分离范围将缩小。要使大于 2 kb 的 DNA 片段的分辨率达到最大，所加电压不得超过 5 V/cm。

（五）嵌入染料的存在

荧光染料溴化乙锭用于检测琼脂糖凝胶中的 DNA。染料会嵌入到堆积的碱基对之间并拉长线状和带缺口的环状 DNA，使其刚性更强，还会使线状 DNA 迁移率降低 15%。

（六）离子强度影响

电泳缓冲液的组成及其离子强度影响 DNA 的电泳迁移率。在没有离子存在时，电导率最小，DNA 几乎不移动；在高离子强度的缓冲液中，电导很高并明显产热，严重时会引起凝胶熔化或 DNA 变性。

利用荧光染料溴化乙锭（EB）进行染色是观察琼脂糖凝胶中 DNA 最常用的方法。但在该染料存在的情况下，会使线状 DNA 的电泳迁移率约降低 15%，因此，当需要知道 DNA 片段的准确大小（如 DNA 限制酶酶切图谱的鉴定），凝胶应该在无 EB 情况下电泳，电泳结束后用 EB 染色。

紫外光对 DNA 分子有切割作用，用 254 nm 波长的紫外线观察的效果比 360 nm 清晰，但产生的切口 DNA 量也较高（图 4-5）。

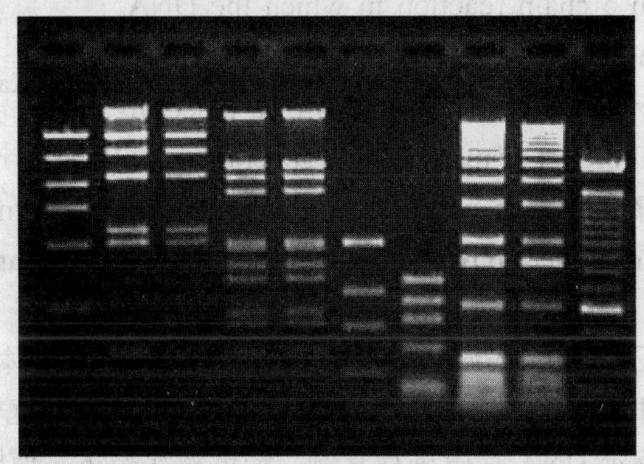

图 4-5　DNA 琼脂糖凝胶电泳结果

**思考与讨论**

1. 利用琼脂糖凝胶电泳为何能够对 DNA 进行分离？
2. 影响 DNA 琼脂糖凝胶电泳迁移率的因素有哪些？
3. 为何能够利用 EB 进行 DNA 染色？

# 实验四　聚合酶链式反应（PCR）体外扩增 DNA

Kary Banks Mullis，Ph.D.（born December 28，1944），American biochemist. Dr Mullis was awarded the Nobel Prize in Chemistry in 1993 for his development of the Polymerase Chain Reaction（PCR），a central technique in biochemistry and molecular biology which allows the amplification of specified DNA sequences.The polymerase chain reaction（PCR）is a technique widely used in molecular biology. It derives its name from one of its key components，a DNA polymerase used to amplify a piece of DNA by *in vitro* enzymatic replication. As PCR progresses，the DNA thus generated is itself used as template for replication. This sets in motion a chain reaction in which the DNA template is exponentially amplified. With PCR it is possible to amplify a single or few copies of a piece of DNA across several orders of magnitude，generating millions or more copies of the DNA piece. PCR can be performed without restrictions on the form of DNA，and it can be extensively modified to perform a wide array of genetic manipulations.

图 4-6

Kary Banks Mullis

聚合酶链式反应（Polymerase chain reaction，PCR）是体外酶促合成特异 DNA 片段的一种技术。其利用合成的两段已知序列的寡核苷酸作为引物，将位于两引物之间的特定 DNA 片段进行复制，经过多次循环，使模板上特定 DNA 拷贝数呈指数级增长。利用 PCR 技术可在数小时之内大量扩增目的基因，从而免除基因重组和分子克隆等一系列繁琐操作。由于这种方法操作简单、实用性强、灵敏度高并可自动化，因而在分子生物学、基因工程研究以及对遗传病、传染病和恶性肿瘤等基因诊断和研究中得到了广泛的应用。

1．PCR 进行的基本条件

（1）以 DNA 为模板（在 RT-PCR 中模板是 RNA）。

（2）以寡核苷酸为引物。

（3）以 4 种 dNTP 作为底物。

（4）有 Taq DNA 聚合酶。

2．PCR 每一个循环由三个步骤组成

（1）变性：加热模板 DNA，使其解离成单链。

（2）退火：降低温度，使人工合成的寡聚核苷酸引物在较低温度条件下与模板 DNA 所需扩增序列结合。

（3）延伸：在适宜温度下，Taq DNA 聚合酶利用 dNTP 使引物端向前延伸，合成与模板碱基序列完全互补的 DNA 链。

每一个循环的产物可作为下一个循环的模板，因此通过 n 个循环后，目标 DNA 片段可能性扩增可达 $2^n$ 倍。

3．PCR 的影响因素

（1）模板单链、双链 DNA 或 RNA 都可作为 PCR 的模板，若起始材料是 RNA，需先通过逆转录反应得到一条 cDNA。为提高 PCR 反应的特异性，所加 DNA 模板量应作相应的调整。一般反应中的模板数量为 $10^2$～$10^5$ 个拷贝。对于单拷贝基因，则需如 0.1 μg 人基因组 DNA、10 ng 酵母 DNA、1 ng 大肠杆菌 DNA 来作为起始材料。原料可以是粗制品，但不能混有蛋白酶、核酸酶、Taq DNA 聚合酶抑制剂以及任何能结合 DNA 的蛋白质。

（2）引物是决定 PCR 结果的关键。引物的设计应遵循以下原则：

① 引物的长度一般为 18～25 个碱基。

② G＋C 含量一般为 40%～60%。

③ 碱基的随机分布。

④ 引物内，尤其是 3′端不存在二级结构。

⑤ 引物序列间不能互补。

⑥ 引物不与模板结合位点以外的序列互补。

（3）反应温度和时间：PCR 涉及变性、退火、延伸三个不同温度和时间。通常变性温度为 94℃，时间为 45 s 至 1 min。过高温度或持续时间过长会降低 Taq DNA 聚合酶活性和破坏 dNTP 分子。在第一轮循环前在 94℃下变性 5～10 min 非常重要，可使模板 DNA 完全解链。退火温度和时间取决于引物的碱基组成、长度、浓度和其与模板的配对程度。可选择比引物的 Tm 低 2～3℃。变性温度按 Tm ＝4（G＋C）%＋2（A＋T）%计算。在 Tm 值允许的范围内，较高的退火温度有利于提高 PCR 特异性。通常退火温度和时间为 37～55℃，0.5～1 min。延伸温度通常为 72℃，时间与待扩增片段长度有关，一般 1 kb 以内片段延伸时间为 1 min，如扩增片段较长可适当增加时间。

（4）Taq DNA 聚合酶：目前有两种 Taq DNA 聚合酶供应：从噬热水生菌中提取的天然酶和大肠杆菌表达的重组 Taq DNA 聚合酶（Ampli TaqTM）。两种酶都有 5′-3′外切酶活性，但均缺乏 3′-5′外切酶活性。在 PCR 中，它们可以相互替代，催化典型的 PCR 所需酶量为 1～2.5 单位。酶量偏少则 PCR 产物相应减少，酶量过高则会增加非特异性反应。

（5）dNTP 浓度：dNTP 在饱和浓度（200 μmol/L）下使用。由于 dNTP 溶液有较强酸性，配制时可用 1 mol/L NaOH 溶液将其贮存液（50 mmol/L）的 pH 调至 7.0～7.5。分装成小管于−20℃保存。反复冻融会使其降解。

（6）PCR 缓冲溶液：在反应体系中二价阳离子的存在至关重要，镁离子优于锰离子，而钙离子无效。它对引物与模板的结合、产物特异性、错配率、引物二聚体的生成及酶的活性等方面有较大影响。镁离子浓度一般在 0.5～2.5 mmol/L 之间。每当首次使用靶序列和引物的一种新组合时，尤其要调整 $Mg^{2+}$ 浓度至最佳。

本实验从小鼠肝脏中提取的基因组 DNA 中扩增 β-actin 基因，其片段长度为 800 bp。

# 一、实验材料、器具和试剂

## （一）实验仪器

PCR 扩增仪、台式高速离心机、0.5 ml PCR 管、微量移液器、琼脂糖凝胶电泳设备。

## （二）实验试剂和材料

1．小鼠基因组 DNA。
2．PCR 扩增试剂盒。
3．引物 1：5′-ATCTGGCACCACACCTTCTACAATG-3′。
4．引物 2：5′-CGTCACACTCCTGCTTGCTGATCCACATCTGC-3′。
5．标准 DNA Marker：DL 2 000。
6．琼脂糖凝胶电泳试剂。

# 二、实验步骤

## （一）在 0.5 ml PCR 塑料管中加入下列物质，注意最后加酶，混匀

| | |
|---|---|
| 10×PCR buffer（free $Mg^{2+}$） | 5 μl |
| 25 mmol /L　$MgCl_2$ | 3 μl |
| dNTP | 4 μl |
| 引物 1 | 0.5 μl |
| 引物 2 | 0.5 μl |
| Taq（5 U/μl） | 0.25 μl |
| 模板（基因组 DNA＜0.1 μg） | 5 μl |
| $ddH_2O$ | 31.75 μl |
| 总体积 | 50 μl |

（二）加入 1 滴石蜡油覆盖于反应混合物上，将其放入 PCR 管中。同时设不加入模板的负对照反应管

（三）PCR 循环

| | | |
|---|---|---|
| 94℃ | 5 min | 1 个循环 |
| 94℃ | 45 s | |
| 55℃ | 45 s | 30 个循环 |
| 72℃ | 45 s | |
| 72℃ | 、7 min | 延伸 |

（四）PCR 产物鉴定

取 10 μl PCR 产物加 2 μl 上样缓冲液用 1%琼脂糖电泳检测扩增结果。

## 三、结果辨析

图 4-7 示为标准 DNA Marker DL 2 000。扩增目的片段长为 800 bp，应位于指示位置，紫外灯下可见很亮的桔红色荧光条带。反应中所设负对照应无条带出现。

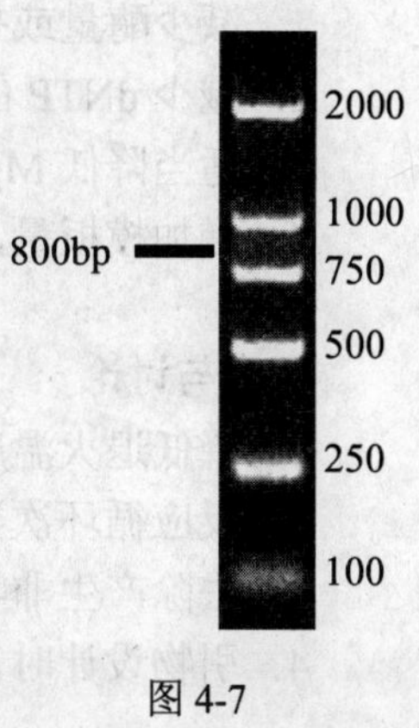

图 4-7

PCR 反应的关键环节有模板核酸的制备、引物的质量与特异性、酶的质量、PCR 循环条件等。根据结果可从各个环节进行分析研究。

（一）不出现扩增条带的可能原因

1．模板：（1）模板中含有杂蛋白质；（2）模板中含有 Taq 酶抑制剂；（3）在提取制备模板时丢失过多；（4）模板核酸变性不彻底。

2．酶失活：需更换新酶，或将两种酶同时使用，以分析是否因酶的活性丧失或不够而导致假阴性。

3．引物：引物质量、浓度、两条引物的浓度是否对称是 PCR 失败或扩增条带不理想、容易弥散的常见原因。有些引物合成质量有问题，两条引物浓度不等，造成低效率的不对称扩增。引物应高浓度小量分装保存，防止多次冻融导致引物变质降解失效。引物设计不合理，如引物长度不够，引物之间形成二聚体等均会使扩增结果不理想。

4．$Mg^{2+}$浓度：$Mg^{2+}$离子浓度对 PCR 扩增效率影响很大，浓度过高可降低扩增的特异性，浓度过低则影响扩增产量甚至使扩增失败而不出特异性条带。

5．反应体积的改变：通常进行 PCR 扩增采用的体积为 20、30、50、100 μl。应用多大体积进行 PCR 扩增，需根据科研和临床检测不同目的而设定。在做小体积如 20 μl 后，再做大体积时，要摸索条件。

### （二）出现非特异性扩增带可能原因

1．PCR 扩增后出现的条带与预计的大小不一致，或大或小，或者同时出现特异性扩增带与非特异性扩增带。一是由于引物与靶序列不完全互补或引物聚合形成二聚体。二是与 $Mg^{2+}$离子浓度过高、退火温度过低及 PCR 循环次数过多有关。

2．酶的质和量。其处理方法有：

（1）必要时重新设计引物；（2）减低酶量或换用另一种酶；（3）降低引物量，适当增加模板量，减少循环次数；（4）适当提高退火温度。

### （三）出现片状拖带或涂抹带原因

扩增结果有时出现涂抹带或片状带或地毯样带。其原因往往由于酶量过多或酶的质量差，dNTP 浓度过高，$Mg^{2+}$浓度过高，退火温度过低，循环次数过多。其处理方法有：

1．减少酶量或换用另一种酶。

2．减少 dNTP 的浓度。

3．适当降低 $Mg^{2+}$浓度。

4．增加模板量，减少循环次数。

## 思考与讨论

1．降低退火温度对反应有何影响？

2．反应循环次数是否越多越好？

3．去除产生非特异性条带的因素有哪些？

4．引物设计时需注意哪些方面？

# 实验五　DNA 体外重组、筛选与鉴定

Paul Berg

图 4-8

Herbert Boyer

图 4-9

Stanley N.Cohen

图 4-10

Paul Berg（born June 30，1926）U.S.A. Stanford University，Nobel Prize in chemistry in 1980. In 1972，he linked simian virus 40 DNA and salmonella p22 phage DNA to get the frist recombinant DNA molecule. In 1973，Stanley Norman Cohen（1935～，M.D. Professor，Stanford University）and Herbert Boyer（1936-）demonstrated that the gene for frog ribosomal RNA could be transferred into bacterial cells and expressed by constructing the recombinant plasmid. This first genetic engineering experiments led to the development of methods to combine and transplant genes. Recombinant DNA is a form of artificial DNA that is engineered through the combination or insertion of one or more DNA strands，thereby combining DNA sequences that would not normally occur together. In terms of genetic modification，recombinant DNA is produced through the addition of relevant DNA into an existing organismal genome，such as the plasmid of bacteria，to code for or alter different traits for a specific purpose，such as immunity.

外源 DNA 与载体分子的连接就是 DNA 重组，这种重新组合的 DNA 叫做重组子。DNA 在体外的连接重组是基因工程操作的核心技术之一，其本质是一个酶促反应过程，是在一定的条件下，DNA 连接酶催化两个双链 DNA 片段的 5′端磷酸和 3′端羟基之间相互作用，形成磷酸二酯键的过程。常用的 DNA 连接酶有两种：T4 噬菌体 DNA 连接酶和大肠杆菌 DNA 连接酶。其中，T4 噬菌体

DNA 连接酶对底物的要求低，能更有效地连接 DNA 分子的平末端，应用更为广泛。

T4 噬菌体 DNA 连接酶催化 DNA 连接反应分三步：首先，ATP 与 T4 噬菌体 DNA 连接酶通过 ATP 的磷酸与连接酶的赖氨酸的氨基形成酶-AMP 复合物；然后，酶-AMP 复合物再结合到具有 5’磷酸基团和 3’羟基切口的 DNA 上，使 DNA 腺苷化；最后，DNA 链 3’端的羟基被活化，取代 ATP 后与 DNA 5’端的磷酸根形成磷酸二酯键，并释放出 AMP，完成 DNA 之间的连接。T4 噬菌体 DNA 连接酶需要镁离子和 ATP 作为辅助因子，在一定的温度和 pH 条件下进行连接反应。进行 DNA 连接的方法有很多，主要有粘末端连接法和平末端连接法。后者还包括平接法和接头法，以及平-粘连接法。选择这些方法的依据主要是外源 DNA 片段和质粒载体的末端以及它们限制性内切酶酶切位点的性质（表 4-2）。

**表 4-2**

| 外源 DNA 片段末端 | 克隆要求 | 说明 |
| --- | --- | --- |
| 平端 | 高浓度的 DNA 和连接酶 | 1. 非重组体克隆的背景可能很高。<br>2. 载体和外源 DNA 接合处的限制性酶切位点消失。<br>3. 重组质粒会带有外源 DNA 的串联拷贝。 |
| 不同的突出端 | 用两种限制酶消化后，需纯化 | 1. 载体和外源 DNA 接合处的限制性酶切位点可保留，以尽量提高连接效率。<br>2. 非重组体克隆的背景较低。<br>3. 外源 DNA 以一个方向插到重组质粒中。 |
| 相同的突出端 | 线形质粒 DNA 常用磷酸酶处理 | 1. 载体和外源 DNA 接合处的限制性酶切位点可保留。<br>2. 外源 DNA 以两个方向插入。<br>3. 重组质粒会带有外源 DNA 的串联拷贝。 |

许多耐热 DNA 聚合酶（如 Taq DNA 聚合酶）扩增的 PCR 产物在 3’-末端后都带有一个突出的碱基 A，而 T 载体的 3’-末端后都带有一个突出的碱基 T，因此，T 载体是适用于克隆带有 3’-末端 A 突出的 PCR 产物的克隆载体。并且，T 载体具有 β-半乳糖苷酶阅读框，可通过蓝白斑筛选阳性克隆。

转化是指将质粒 DNA 或构建的重组子导入细胞的过程。细菌细胞在低温，低渗（$CaCl_2$ 溶液）中膨胀成球形。转化混合物中的 DNA 形成抗 DNA 酶的羟基-钙磷酸复合物黏附于细胞表面。经 42℃短时间热激处理后，促进了细胞吸收 DNA 复合物。重组质粒转化宿主细胞后，还需要对转化菌落进行筛选鉴定。通过 α 互补进行筛选是最常用的鉴定方法之一。

本实验所采用的转化受体菌为 *E. coli* DH5α 菌株。载体质粒 DNA 上带有氨苄抗性（$Amp^r$）和β-半乳糖苷酶（*lacZ*）基因，故重组子的筛选采用 Amp 抗性筛选与 α-互补现象筛选相结合的方法。因载体质粒上带有 $Amp^r$ 基因而外源片段上不带该基因，所以转化受体菌后，只有带有重组 DNA 的转化子才能在含有 Amp 的 LB 平板上存活下来，而只带有自身环化的外源片段的转化子则不能存活。此为初步的抗性筛选。

质粒载体上带有 *lacZ* 的调控序列和 β-半乳糖苷酶 N 端 146 个氨基酸的编码序列。这个编码区中插入了一个多克隆位点，但并没有破坏 *lacZ* 的阅读框架，不影响其正常功能。*E.coli* DH5α 菌株带有 β-半乳糖苷酶 C 端部分序列的编码信息。在各自独立的情况下，质粒载体上和 DH5α 编码的 β-半乳糖苷酶的片段都没有酶活性，但在载体质粒和 DH5α 融为一体时则可形成具有酶活性的蛋白质。这种 *lacZ* 基因上缺失近操纵基因区段的突变体与带有完整的近操纵基因区段的 β-半乳糖苷酸阴性突变体之间实现互补的现象叫 α-互补。由 α-互补产生的 $Lac^+$ 细菌较易识别，它在生色底物 X-gal（5-溴-4 氯-3-吲哚-β-D-半乳糖苷）存在下被 IPTG（异丙基硫代-β-D-半乳糖苷，Isopropyl-β-D-thiogalactogalactosyranoside）诱导形成蓝色菌落。当外源片段插入到载体质粒的多克隆位点上后会导致读码框架改变，表达蛋白失活，产生的氨基酸片段失去 α-互补能力，因此在同样条件下含重组质粒的转化子在生色诱导培养基上只能形成白色菌落。在麦康凯培养基上，α-互补产生的 $Lac^+$细菌由于含 β-半乳糖苷酶，能分解麦康凯培养基中的乳糖，产生乳酸，使 pH 值下降，因而产生红色菌落，而当外源片段插入后，失去 α-互补能力，因而不产生 β-半乳糖苷酶，无法分解培养基中的乳糖，菌落呈白色。由此可将含有重组质粒的转化子挑选出来，即为 α-互补现象筛选。

## 一、实验材料、器具和试剂

### （一）实验材料

1．外源 DNA 片段　自行制备的带限制性末端的 DNA 片段或 PCR 产物，浓度已知。

2．载体 DNA　$Amp^r$ 和 *lacZ*（自行提取纯化，浓度已知）。

3．宿主菌　*E. coli* DH5α 或 JM 系列等具有 α-互补能力的菌株。

### （二）实验器材

恒温摇床、台式高速离心机、恒温水浴锅、琼脂糖凝胶电泳装置、恒温培养箱、超净工作台、微量移液器、eppendorf 管、培养皿、接种环、酒精灯、离心管、涂布棒、无菌牙签。

（三）实验试剂

1．连接反应缓冲液（10×） 0.5 mol/L Tris-Cl（pH 7.6），100 mol/L $MgCl_2$，100 mol/L 二硫苏糖醇（DTT）（过滤灭菌），500 μg/ml 牛血清清蛋白（组分V.Sigma 产品）（可用可不用），10 mol/L ATP（过滤灭菌）。一般为成品。

2．T4 DNA 连接酶（T4 DNA ligase）。

3．X-gal 储液（20 mg/ml） 用二甲基甲酰胺溶解 X-gal 配制成 20 mg/ml 的储液，铝箔或黑纸包裹以防止受光照被破坏，储存于–20℃。

4．IPTG 储液（200 mg/ml） 在 800 μl 蒸馏水中溶解 200 mg IPTG 后，用蒸馏水定容至 1 ml，用 0.22 μm 滤膜过滤除菌，分装并储于–20℃。

5．含 X-gal 和 IPTG 的筛选培养基 在事先制备好的含 50 μg/ml Amp 的 LB 平板表面加 40 μl X-gal 储液和 4 μl IPTG 储液，用无菌玻棒将溶液涂匀，置于 37℃下放置 3～4 h，使培养基表面的液体完全被吸收。

## 二、实验步骤

（一）连接反应

根据插入外源 DNA 片段和载体的分子量大小，计算连接体系中需要加入的各 DNA 片段的含量，一般采用外源片段与载体 DNA 的摩尔比率为 3∶1。将载体 DNA 和外源 DNA 片段混合后于 55℃处理 3～5 min 后骤冷，再加入连接酶和反应 buffer。

连接反应体系如下：

| | |
|---|---|
| 载体 DNA | 约 100 ng |
| 插入片段 | 约 20 ng |
| 10×buffer | 1 μl |
| 连接酶 | 1 μl |

无菌双蒸水补足反应体系至 10 μl，16℃连接过夜。同时设两组对照反应，一组连接体系只有质粒载体而无外源 DNA，一组连接体系只有外源 DNA 而无载体质粒。相同条件操作。

（二）*E. coli* DH5α 感受态细胞的制备及转化

1．感受态细胞的制备 具体方法见实验一感受态细胞的制备（化学法）和转化。

2．DNA 转化 取 100 μl 制备的感受态细胞，加入 5 μl 左右连接反应液，轻轻混匀后冰浴 30 min；42℃热休克 90 s，立即冰浴 2 min；加入 900 μl LB 培养基（无 Amp），37℃慢速振荡培养 1 h。

### （三）重组质粒的筛选

取 100 μl 菌液直接涂布在 LB 蓝白筛平板上（50 μg/ml 氨苄青霉素，100 μg/ml X-gal，40 μg/ml IPTG），37℃培养 0.5 h 至液体被完全吸收。倒置平板于 37℃继续培养过夜。待出现明显而又未相互重叠的单菌落时拿出平板。放于 4℃数小时，使显色完全。

不含有载体质粒 DNA 的细胞，由于无 Amp 抗性，不能在含有 Amp 的筛选培养基上成活。只含有载体 DNA 的转化子由于具有 β-半乳糖苷酶活性，在 X-gal 和 ITPG 培养基上为蓝色菌落。带有重组质粒的转化子由于丧失了 β-半乳糖苷酶活性，在 X-gal 和 ITPG 抗性筛选平板上为白色菌落（图 4-11）。

### （四）酶切鉴定重组质粒

用无菌牙签挑取白色单菌落接种于含 Amp 50 μg/ml 的 5 ml LB 液体培养基中，37℃下振荡培养 12 h。使用碱裂解法分离质粒 DNA 进行琼脂糖凝胶电泳，同时以提取的空载体质粒做对照，则插入外源片段的重组质粒电泳时迁移率较空质粒载体慢。再用相对应的限制性内切酶进一步进行酶切鉴定（图 4-12）。

### （五）注意事项

1．DNA 连接酶用量与 DNA 片段的性质有关，连接平齐末端，必须加大酶量，一般使用连接黏性末端酶量的 10～100 倍。

2．在连接带有粘性末端的 DNA 片段时，DNA 浓度一般为 2～10 mg/ml，在连接平末端时，需加入 DNA 浓度至 100～200 mg/ml。

3．连接反应后，反应液在 0℃储存数天，–80℃储存 2 个月，但在–20℃冰冻保存将会降低转化效率。

4．粘性末端形成的氢键在低温下更加稳定，所以尽管 T4 DNA 连接酶的最适反应温度为 37℃，在连接粘性末端时，反应温度以 10～16℃为好，平齐末端则以 15℃～20℃为好。

5．在连接反应中，如不对载体分子进行去 5’磷酸基处理，便采用加入过量的外源 DNA 片段（2～5 倍），这将有助于减少载体的自身环化，增加外源 DNA 和载体连接的机会。

6．X-gal 是 5-溴-4-氯-3-吲哚-b-D-半乳糖被 β-半乳糖苷酶水解后生成的吲哚衍生物，显蓝色。IPTG 是异丙基硫代半乳糖苷，为非生理性的诱导物，它可以诱导 *lacZ* 的表达。

7．在含有 X-gal 和 IPTG 的筛选培养基上，携带载体 DNA 的转化子为蓝色菌落，而携带插入片段的重组质粒转化子为白色菌落。平板在 37℃培养后放于冰箱 3～4 h 可使显色反应充分，蓝色菌落更加明显。

## 三、结果辨析

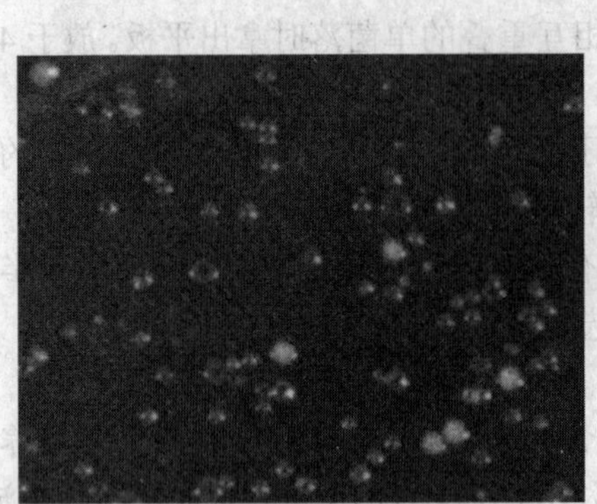

图 4-11　蓝白斑筛选平板

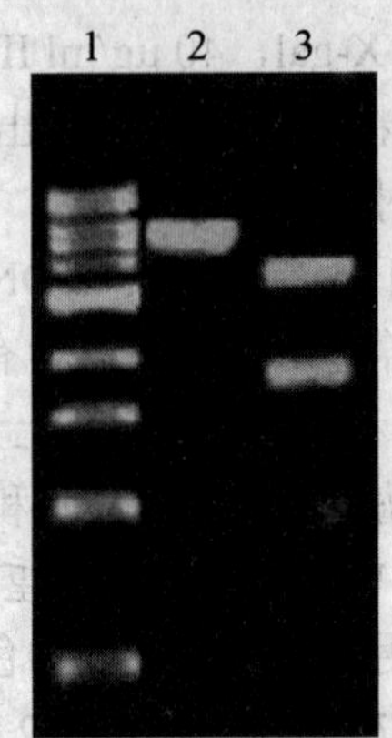


图 4-12　质粒 DNA 琼脂糖凝胶电泳

Lane1：DNA Marker

Lane2：质粒 DNA

Lane3：质粒 DNA 双酶切

**思考与讨论**

1．简述实验目的和实验原理及材料与试剂。

2．画出实验结果示意图并分析。

3．简述 DNA 重组的步骤。

# 实验六 SDS-PAGE 测蛋白质的分子量

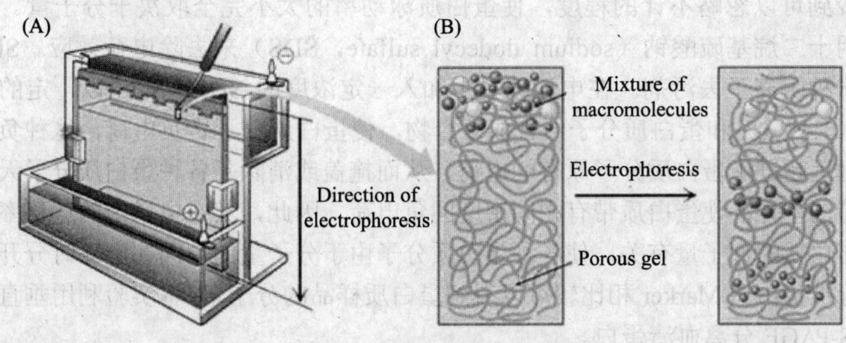


图 4-13

The first sophisticated electrophoretic apparatus was developed by Tiselius in 1937. He was awarded the 1948 Nobel prize for his work in protein electrophoresis. He developed the "moving boundary", which later would become known as zone electrophoresis, and used it to separate serum proteins in solution. The system most people use for separating proteins by polyacrylamide gel electrophoresis was formulated by Laemmli. The purpose of this method is to separate proteins according to their size, and no other physical features.

自1809 年俄国物理学家 Reŭss 首次发现了电泳现象，1937 年瑞典学者 A.W.K Tiselius 设计制造了移动界面电泳仪，分离了马血清白蛋白的三种球蛋白，建立了电泳技术，并因此于 1948 年获诺贝尔化学奖。此后，电泳的种类和应用在深度和广度上得到迅速的发展，如聚丙烯酰胺凝胶电泳、等电聚焦电泳、毛细管电泳已成为生命科学家分离和分析生物大分子的重要手段。尤其是采用聚丙烯酰胺凝胶电泳分离和比较复杂的蛋白质样品，计算蛋白质的百分含量、评估蛋白质的纯度、估算蛋白质亚基数、测定蛋白质的理化特性（如等电点、相对分子量等）等。

蛋白质是由 20 种不同氨基酸组成的两性电解物，在一个给定的电泳体系中，蛋白质的泳动（迁移率）取决于本身的分子大小、形状和电荷。为了仅根据蛋白质分子大小来有效分离，常采用十二烷基硫酸钠-聚丙烯酰胺凝胶电泳（SDS-polyacrylamide gel electrophoresis）不连续电泳体系。

不连续系统由上层的浓缩胶和下层的分离胶组成。浓缩胶（stacking gel,

pH 6.7，孔径大）的主要作用是使样品浓缩，使样品在未进入分离胶前，被浓缩成很窄的条带（浓缩效应，Stacking effect），从而提高分离效果。分离胶（pH 8.9，孔径小）通过分子筛效应（molecular sieving effect）和电荷效应（charge effect），把样品中的各组分按分子量和电荷的大小而分开。

如果要利用凝胶电泳测定某一蛋白质的分子量就必须将电荷效应去掉或减少到可以忽略不计的程度，使蛋白质泳动率的大小完全取决于分子量。现常用十二烷基硫酸钠（sodium dodecyl sulfate，SDS）来去除电荷效应。SDS是一种阴离子去污剂。在电泳体系中加入一定浓度的 SDS，SDS 以一定的比例（1.4∶1）和蛋白质分子结合成复合物，使蛋白质分子带负电荷，这种负电荷远远超过了蛋白质分子原有的电荷，从而掩盖或消除了各种蛋白质分子天然电荷的差异，使蛋白质带有相同密度的负电荷，因此，其在电场中的迁移率只与蛋白质的分子量有关，使各种蛋白质分子由于分子量的不同在电泳时分开。同标准蛋白质 Marker 相比较可以得到蛋白质样品的分子量。本实验利用垂直板 SDS-PAGE 分离血清蛋白。

## 一、实验材料、器具和试剂

### （一）实验材料

标准分子量的蛋白质 Marker。分析蛋白质样品：动物血清。

### （二）实验器具

SDS-PAGE 垂直电泳系统、水浴锅、凝胶成像分析仪等。

### （三）实验试剂

1．30%凝胶储液　丙烯酰胺 30 g，N, N'-亚甲基双丙烯酰胺 0.8 g，加无离子水至 100 ml。棕色瓶 4℃避光保存。

2．分离胶缓冲液（1.5 mol/L Tris-Cl，pH 8.9）　Tris 36.3 g，1 N HCl 48 ml，补水至 200 ml。

3．浓缩胶缓冲液（1 mol/L Tris-Cl，pH 6.7）　Tris 12.1 g，1.6 N HCl 50 ml，补水至 100 ml。

4．10% SDS　SDS 10 g，加水定容至 100 ml。

5．10% AP （过硫酸铵，ammonium persulfate）现用现配，过硫酸铵 1 g，加水定容至 10 ml。TEMED（N, N, N, N'-四甲基乙二胺）。

6．1% Agar　Agar 0.3 g，分离胶缓冲液 7.5 ml，10% SDS 0.3 ml，水 22.2 ml。

7．电泳缓冲液　Tris 15 g，Glycine 72 g，10% SDS 50 ml，加水至 5 L（pH 8.5）。

8．凝胶上样缓冲液（2×）　10%甘油，2% SDS，5%β-巯基乙醇，20 mmol Tris-Cl，pH 6.7，0.05%溴酚蓝，棕色瓶 4℃避光保存。

9．染色液　考马斯亮蓝 R-250 1.25 g，50%甲醇 450 ml，冰醋酸 50 ml。

10．脱色液　冰醋酸 75 ml，甲醇 50 ml，水 875 ml。

11．异丁醇。

12．1%琼脂糖溶液。

## 二、实验步骤

### （一）安装垂直板电泳槽

先将长短不等的两块玻璃板（或其中之一带 U 口）洗净，浸泡乙醇中，用前取出晾干。按照垂直板电泳的厂家操作说明书，安装好垂直板电泳槽。注意电极方向，短玻璃板（或 U 口板）位于阴电极槽一侧（白金电极丝在槽的上方），长玻璃板位于阳极一侧（白金丝在槽的底部）。

### （二）滴注

用滴管吸取融化的 1%琼脂糖溶液，灌入凝胶模板底部（长玻璃板外侧底部），封住底部的窄缝（通向阳极的盐桥）。或根据不同装置具体情况封口。

### （三）配胶

根据所测蛋白分子量范围，选择适当的分离胶浓度，按表 4-3 所列的试剂用量和加样顺序配制胶。表中为 30 ml 分离胶和 10 ml 浓缩胶，可按实际用量来按比例增加或减少上述试剂。

**表 4-3　SDS-不连续系统不同浓度凝胶配制用量表**　　（单位：ml）

| 分离胶 | 7% | 10% | 12% | 20% | | 3%浓缩胶 |
|---|---|---|---|---|---|---|
| 30%凝胶储液 | 7 | 10 | 12 | 20 | | 1.0 |
| 分离胶缓冲液 | 7.5 | 7.5 | 7.5 | 7.5 | 浓缩胶缓冲液 | 1.25 |
| 10% SDS | 0.3 | 0.3 | 0.3 | 0.3 | | 0.1 |
| TEMED | 0.02 | 0.02 | 0.02 | 0.02 | | 0.02 |
| 双蒸水 | 15 | 12 | 10 | 2 | | 5.55 |
| 10%AP | 0.2 | 0.2 | 0.2 | 0.2 | | 0.1 |

### （四）灌注分离胶

一旦加入 AP 后，轻轻混匀，立即小心地将分离胶灌入准备好的凝胶模子玻璃板间隙中，上端保留 3 cm 高的空隙。用吸管将异丁醇覆盖分离胶液面（压平分离胶面，阻止空气中的氧对凝胶聚合的抑制）。约 30 min 聚合完成（形成明显的界面），倒去覆盖液，用 1 ml 浓缩胶缓冲液涮洗 2 次，用吸水纸尽可能地吸干残液。

### （五）灌注浓缩胶

用吸管将浓缩胶加在分离胶上，插入合适的样品孔梳子，避免出现气泡。

室温下聚合约 30 min，细心拔出梳子，用双蒸水涮洗样品孔，去除未聚合的丙烯酰胺，用滤纸吸干残液（图 4-14）。

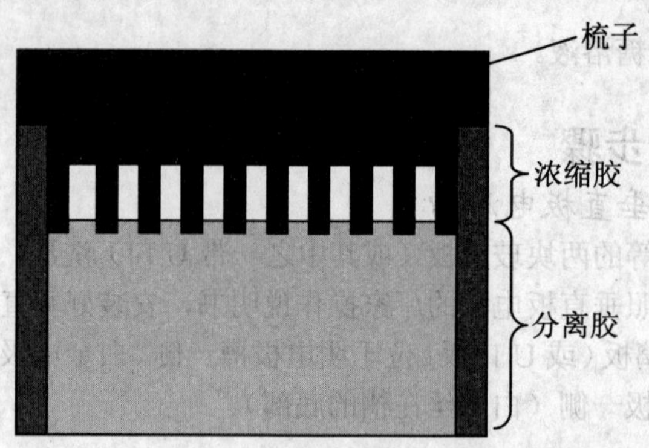


图 4-14 灌注浓缩胶

（六）处理样品

将样品（蛋白质浓度以 1～1.5 mg/ml 浓度为宜）与等量样品缓冲液混匀，100℃处理 3 min。标准分子量蛋白质，按 1 mg/ml 比例溶解，取出适当的标准品加等量的样品缓冲液混匀，煮沸 2 min，取出冷却。将处理好的样品与标准品，以每孔 20～50 μl（根据样品孔的大小及蛋白质的浓度决定）用微量移液器轻轻加入样品孔内。

（七）电泳

加样后，在电泳槽两侧加电泳缓冲液。电泳液面要高于样品孔（小心加电泳液，使其慢慢地漫过样品孔以免扰乱样品），接好电极（注意正负极方向）电泳，开始电压为 8 V/cm 凝胶，待染料进入分离胶后，将电压增加到 15 V/cm 凝胶，继续电泳直至染料抵达分离胶底部，断开电源。

（八）分析

取下凝胶，固定，染色，脱色或进行 Western blot 分析。

（九）注意事项

1. 丙烯酰胺有神经毒性，可经皮肤、呼吸道吸收，故操作时注意防护。

2. 加样的量要适当，0.25 μg 某种蛋白质，即可观察到其电泳带；如果有 20～100 μg，便过量。

## 三、结果辨析

（一）凝胶考马斯亮蓝染色

1. 电泳结束后，用至少 5 倍体积的染色液浸泡凝胶，放在摇床上室温缓慢旋转 3～4 h。考马斯亮蓝染色方法检测的灵敏度为 0.2～1.0 μg。如果目标蛋白的含量很少，也可以用更为敏感的银染的方法。

2．回收溶液，用脱色液浸泡凝胶，缓慢摇动4～8 h脱色，其间换液2～3次，直至满意为止。

3．将脱色后的凝胶照相或干燥，也可用塑料袋密封在20%甘油水溶液中长期保存。结果如图4-15所示，可以在凝胶成像分析系统中对蛋白条带进行分析。

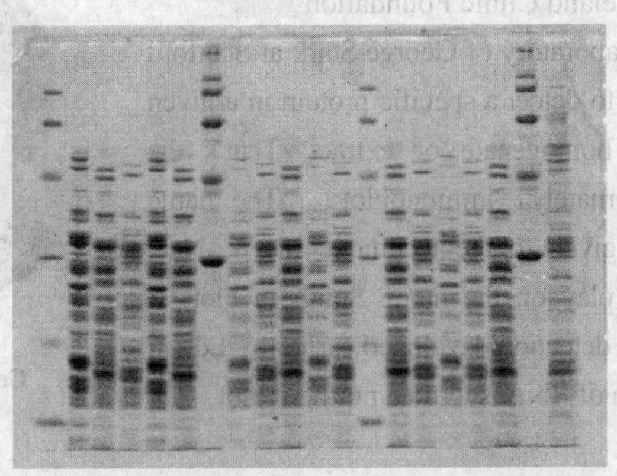

图4-15 考马斯亮蓝染色后脱色的凝胶照相

## （二）分子量计算

根据标准蛋白质分子量的对数和泳动率呈线性关系而求出未知蛋白质的分子量。

$$\text{泳动率}=\frac{\text{蛋白质迁移的距离}}{\text{染料移动的距离}}\times\frac{\text{染色前凝胶的长度}}{\text{脱色后凝胶的长度}}$$

1．计算每个蛋白条带的迁移率距离：从加样孔始测量到各个条带。

2．根据标准蛋白条带计算出线性回归方程或以迁移率为横坐标，分子量的对数为纵坐标画出标准蛋白质标准曲线。

3．代入未知蛋白条带的迁移率，计算出分子量。

**思考与讨论**

1．带电粒子在电场中受哪些因素影响？

2．蛋白质分子解离取决于哪些因素？

3．聚丙烯酰胺聚合的机制是什么？什么因素影响聚合过程？

4．在SDS-PAGE不连续系统中，为什么浓缩胶对蛋白质有浓缩效应？

5．为什么在SDS-PAGE不连续系统中，蛋白质分子泳动的快慢主要决定于分子的大小？

6．用SDS-PAGE不连续系统分析蛋白质亚基的数目，如何设计？

# 实验七　WESTERN BLOT 检测蛋白

George R. Stark（1933～，Lerner Research Institute, The Cleveland Clinic Foundation）

In 1979, the laboratory of George Stark at Stanford invented a method to detect a specific protein in a given sample of tissue homogenate or extract. That's the western blot（alternately，immunoblot）. The name western blot was given to the technique by W. Neal Burnette and is a play on the name Southern blot，a technique for DNA detection developed earlier by Edwin Southern. Detection of RNA is termed northern blot.

图 4-16
George R. Stark

Western Blot 与 Southern blot、Northern blot 并称为三大经典分子生物学技术。

与DNA的Southern blot印迹方法相类似，蛋白质分析中应用的Western blot印迹技术是利用抗原抗体的免疫反应，又称为免疫印迹。通过对目标组分进行聚丙烯酰胺凝胶电泳分离后，转移至固相支持物（如硝酸纤维素膜）上，利用特异抗体作为探针，同固相支持物上的蛋白发生免疫反应，再与酶或同位素标记的第二抗体反应，经底物显色或放射自显影，对靶蛋白质进行检测。

蛋白质的 Western blot 结合了凝胶电泳的高分辨率和固相免疫检测的特异敏感等多种优点，可检测到低至 1～5 ng 中等大小的靶蛋白。

## 一、实验材料、器具和试剂

### （一）实验材料

待测蛋白样品、标准分子量蛋白 Marker。一抗：特异的单克隆或多克隆抗体。标记二抗：过氧化物酶酶标或同位素、荧光素标记。

### （二）实验器具

SDS-PAGE 电泳系统、转移电泳槽、凝胶成像分析仪、硝酸纤维素膜（NC 膜）或聚偏乙烯二氟（PVDF）膜。

### （三）实验试剂

1．SDS-PAGE 电泳试剂。

2．转移缓冲液　25 mM Tris-Cl，192 mM 甘氨酸，20%甲醇（v/v），0.01% SDS，pH 8.3。

3. 漂洗液　150 mM NaCl，10 mM Tris-Cl（pH 7.4），0.05% Tween-20（v/v）。

4. 封闭液　5%脱脂奶粉或 3% BSA 溶于漂洗液中。

5. 底物液　DAB 5 mg/ml 溶于 0.05 M 柠檬酸-磷酸盐缓冲液（pH 5.0）。

6. 丽春红染液　丽春红 S 0.5 g，乙酸 1 ml，加水至 100 ml。

## 二、实验步骤

### （一）转膜

1. 先用 SDS-PAGE 电泳分离蛋白质样品后，用电转移的方法把凝胶上的蛋白质条带转印到膜上。

2. 剪 6 张与电泳凝胶大小一致的 Watman 3 MM 滤纸和 1 张硝酸纤维膜(NC 膜)，戴手套操作。

3. 将上述滤纸及 NC 膜，浸入双蒸水中，再浸泡转移液中（PVDF 膜需用甲醇润湿）。

4. 凝胶用双蒸水漂洗 2 次，再用转移液漂洗 10 min，2 次。

5. 按图示装板，从负极到正极顺序依次是：支持夹、海绵垫、滤纸、凝胶、硝酸纤维素膜、滤纸、海绵垫、支持夹。注意 NC 膜的药膜面朝向凝胶，膜与凝胶之间无气泡。

6. 将装好的胶板插入转移槽中，注意 NC 膜位于阳极侧。

7. 槽中加转移液，使之没过铂金丝，接好冷却水系统。

8. 电转移　6～10 V/cm（电极距离），1～16 h（依据转移效果）。

9. 转移完毕后，取出 NC 膜，用铅笔做好标记，漂洗液洗 3 次，每次 5 min。(图 4-17)。

### （二）western blot 检测

1. 封闭　用封闭液（如 5%的脱脂奶粉溶液）处理封闭膜空白部位上剩余的疏水结合位点，以检测特定的蛋白质条带。将 NC 膜浸入封闭液中室温 2 h 或 4℃过夜。用漂洗液洗 3 次，每次 5 min。

2. 将 NC 膜切成小条，放入反应槽中，加入稀释好的一抗，同时做阴阳对照。室温反应 2 h 或 4℃过夜。振荡漂洗 3 次，每次 10 min。

3. 加酶标二抗，室温反应 1～2 h，振荡漂洗 3 次，每次 10 min。

4. 显色　加入底物液，至蛋白带清晰为止。

5. 终止反应　水漂洗。

## 三、结果辨析

电转移结束后可用丽春红溶液染 NC 膜，来观察转移结果和标准蛋白位置，之后用漂洗液洗去后再封闭。或用考马斯亮蓝染色凝胶来观察转移效果。转移好的 NC 膜，如不接着做酶标反应，可在封闭后漂洗、晾干、封于塑料袋中，4℃保存备用。

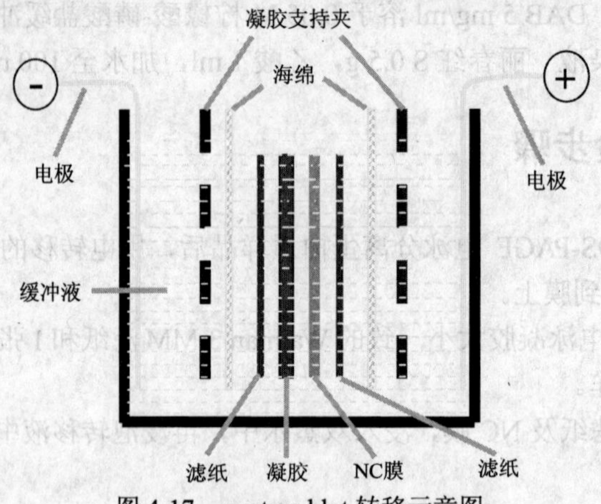


图 4-17　western blot 转移示意图

一抗、二抗的稀释度、作用时间和温度对不同的蛋白要经过摸索确定最佳条件。酶标二抗可以是 IgG、IgM、IgA，也可用酶标的 SPA 蛋白（葡萄球菌 A 蛋白）。图 4-18。

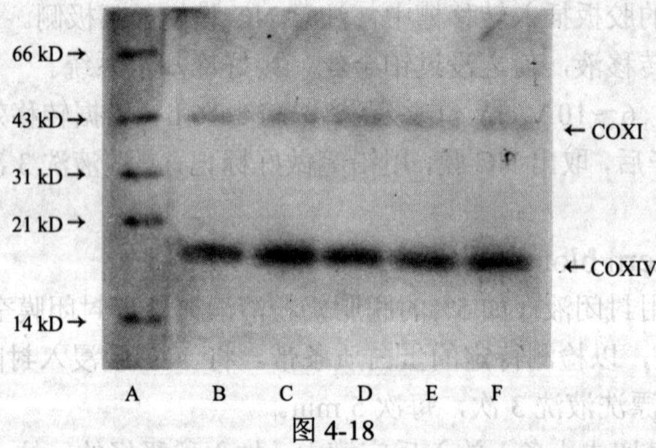


图 4-18

做 Western Blot 时的蛋白电泳上样量要根据实验的要求来定，如果要求定量和半定量的 Western Blot 则上样量要均等。比较理想的 Western Blot 结果，同标准蛋白质 Marker 相比较，能够确定目的蛋白的相对分子量和相对含量。

## 思考与讨论

1．通过什么方法来验证转移的效果？

2．在用一抗与膜反应之前，为什么要封闭膜？

3．如果二抗用酶标显色，对底物有什么要求？